까만 우주 속 작은 별

2판 2쇄 발행 2022년 3월 20일

글쓴이	남상욱
그린이	황난희
펴낸이	이경민
펴낸곳	㈜동아엠앤비
출판등록	2014년 3월 28일(제25100-2014-000025호)
주소	(03737) 서울특별시 서대문구 충정로 35-17 인촌빌딩 1층
전화	(편집) 02-392-6901 (마케팅) 02-392-6900
팩스	02-392-6902
전자우편	damnb0401@naver.com
SNS	

ISBN 979-11-6363-241-2 (74400)

※ 책 가격은 뒤표지에 있습니다.
※ 잘못된 책은 구입한 곳에서 바꿔 드립니다.
※ 이 책에 실린 사진은 위키피디아, 셔터스톡에서 제공받았습니다.

초등 융합 사회과학 토론왕 시리즈의 출판 브랜드명을 과학동아북스에서 뭉치로 변경합니다.
도서출판 뭉치는 ㈜동아엠앤비의 어린이 출판 브랜드로, 아이들의 지식을 단단하게 만들어주고, 아이들의 창의력과 사고력을 키워주어 우리 자녀들이 융합형 창의 사고뭉치로 성장할 수 있도록 좋은 책을 만들겠습니다.

까만 우주 속 작은 별

글쓴이 **남상욱** 그린이 **황난희**

펴내는 글

우주에 떠 있는 별을 마음대로 사고팔아도 될까?
왜 도시에서는 별자리가 잘 보이지 않을까?

선생님의 질문에 교실은 일순간 조용해지기 시작합니다. 인내심이 한계에 다다른 선생님께서 콕 집어 누군가의 이름을 부르는 순간 내가 걸리지 않았다는 안도감에 금세 평온을 되찾지요. 많은 사람 앞에서 어떻게 말을 해야 할까 고민 한번 해 보지 않은 사람은 없을 겁니다.

사람들 앞에서 자신의 생각을 조리 있게 전달하는 기술은 국어 수업 시간에만 필요한 것이 아닙니다. 학교 교실뿐만 아니라 상급 학교 면접 자리 또는 성인이 된 후 회의에서도 자신의 의견을 분명히 표현할 수 있어야 합니다. 하지만 어디서부터 시작해야 할지 몰라 입을 떼는 일이 쉽지 않습니다. 혀끝에서 맴돌다 삼켜 버리는 일도 종종 있습니다. 얼떨결에 한마디 말을 하게 되더라도 뭔가 부족한 설명에 왠지 아쉬움이 들 때도 많습니다.

논리적 사고 과정과 순발력까지 필요로 하는 토론장에서 자신만의 목소리를 내려면 풍부한 배경지식은 기본입니다. 게다가 고학년으로 올라가서 배우는 수업과 진학 시험에서의 논술은 교과서 속의 내용만을 요구하지 않습니다. 또한 상대의 의견을 받아들이거나 비판하기 위해서도 의견의 타당성과 높은 수준의 가치 판단을 해야 하는 경우가 많은데, 자신의 입장을 분명히 하기 위해선 풍부한 자료와 논거가 필요합니다.

토론왕 시리즈는 사회에서 일어나는 다양한 사건과 시사 상식 그리고 해마다 반복되는 화젯거리 등을 초등학교 수준에서 학습하고 자신의 말로 표현할 수 있도록 기획되었습니다. 체계적이고 널리 인정받은 여러 콘텐츠를 수집해 정리하였고, 전문 작가들이 학생들의 발달 상황에 맞게 스토리를 구성하였습니다. 개별적으로 만들어진 교과서에서는 접할 수 없는 구성으로 주제와 내용을 엮어 어린 독자들이 과학적 사고뿐만 아니라 문제 해결력, 비판적 사고력을 두루 경험할 수 있도록 하였습니다. 폭넓은 정보를 서로 연결 지어 설명함으로써 교과별로 조각나 있는 지식을 엮어 배경지식을 보다 탄탄하게 만들어 줍니다. 뿐만 아니라 국어를 기본으로 과학에서부터 역사, 지리, 사회, 예술에 이르기까지 상식과 사회에 대한 감각을 익히고 세상을 올바르게 바라보는 눈도 갖게 할 것입니다.

　『까만 우주 속 작은 별』은 우주의 별만큼 많은 정보와 별과 우주를 탐구했던 과학자들의 연구 과정과 통찰력을 함께 다루고 있습니다. 독자들이 별과 우주에 대해 학습하고 머릿속에 우주에 대한 전체적인 그림을 그릴 수 있다면 이 책의 가치는 충분히 발휘된 것입니다. 또한 과학자들이 별과 우주를 연구하면서 겪었던 고민을 함께하고 이를 해결해 보기 위해 노력한다면 더없이 소중한 시간이 될 것입니다.

편집부

펴내는 글 · 4
별 보기 대회에 나가고 싶어! · 8

1장 우주는 어떻게 생겨났을까? · 11

우주의 생김새가 궁금해요!

빅뱅 이론, 작은 씨앗에서 태어난 우주

토론왕 되기! 과학자들의 오만과 편견

2장 아기별, 할아버지별 모두 함께 빛나요! · 31

별은 영원히 반짝거리는 게 아냐!

내일은 내일의 태양이 뜰까?

초신성과 블랙홀

토론왕 되기! 헉, 우주 개발 비용이 7,000,000,000,000원?

3장 천문 관측 기기의 역사 · 51

세계의 망원경

프리즘을 비춰 별 속을 해부하다!

우리나라 천문 관측 기기의 역사

토론왕 되기! 앗, UFO(유에프오)다!

4장 우주 친구들 다 모여라! · 75

달에는 정말 토끼가 살까?

밤하늘을 흐르는 강, 은하수

하늘에는 우리도 있다!

토론왕 되기! 저 별은 내 것? 이 별도 내 것!

5장 우주의 지도, 별자리! · 95

밤하늘에 지도를 그리다

북극성으로 시작하는 별자리 여행

계절에 따라 달라지는 별자리

토론왕 되기! 빛 때문에 별을 못 본다?

에필로그 우리 함께 우주로 가요! · 117

신나는 우주 체험 훈련

어려운 용어를 파헤치자! · 124

별에 관해 더 많이 알고 싶을 땐 여기를 가봐! · 127

신나는 토론을 위한 맞춤 가이드 · 128

🌟 우주의 생김새가 궁금해요!

안녕, 하늘아? 네가 게시판에 쓴 글을 읽어 보았어.

난 '별 보기 클럽' 모임을 만든 '코스모스'라고 해. 혹시 오해할까 봐 미리 말하는데, 난 남자야! 코스모스라는 이름 때문에 꽃을 좋아하는 여학생이라고 생각하는데 '코스모스'는 그리스 어로 '질서와 조화를 지니고 있는 우주'를 뜻해. 그러니까 오해는 금물! 내가 이런 오해를 받으면서까지 '코스모스'란 이름을 사용하는 건 우주를 정말 정말 좋아하기 때문이야. 맛있는 과자보다, 놀이동산보다, 인기 연예인보다 훨씬 더 말이야! 어떻게 그럴 수 있냐고? 그럼 내가 처음으로 우주와 만났던 순간을 말해 줄게.

내가 초등학교에 입학해 첫 여름 방학을 맞았을 때의 일이야. 우리

식구들은 시골에 있는 외갓집에 가기로 했어. 난 다른 친구들처럼 제주도나 해외로 가고 싶다고 말했다가 꾸중만 들었지. 결국 울고불고 떼를 쓰다 아빠 차에 반강제로 태워져 외갓집으로 향했어.

차로 몇 시간이나 달렸을까? 어느새 밤이 찾아왔고, 주변은 몹시 깜깜했어. 차 속에서 보이는 거라고는 간간히 나타나는 가로등 불빛밖에 없었다니깐. 뒷자리에 앉아 있던 난 점점 겁이 났어. 이러다 어둠 속에 갇혀 버릴 것만 같았거든. 지금 생각하면 웃기지만 그때는 정말 심각했어. 나는 점점 겁이 났고, 결국 엉엉 울어버렸어. 운전을 하던 아빠와 조수석에서 졸던 엄마는 깜짝 놀랐지. 그러고는 길가에 차를 세우고 왜 우는지 물어봤어. 하지만 나는 어떻게 말해야 할지 알 수 없어서 계속 울기만 했어. 엄마는 내가 멀미를 한다고 생각했는지 날 데리고 밖으로 나왔지. 그 순간 나는 울음을 멈췄어.

까만 밤하늘에 반짝반짝 빛나는 별들이 끝도 없이 펼쳐져 있었어. 서울에서는 한 번도 본 적이 없었지. 마치 별들 속에 내가 둥둥 떠 있는 것만 같았어! 외갓집에 있는 동안 난 늘 밤만 되면 마당 평상에 누워 밤하늘을 바라봤어. 지평선 끝부터 반대편 끝까지 가득 차 있는 별들을 멍하니 보며 '저 수많은 별들은 대체 어디에서 왔을까?' 하고 궁금해 했어. 아빠는 별들이 우주에 산다고 알려 줬고 난 다시 궁금해졌지.

'그렇다면 우주는 대체 어떻게 생겨났을까?'

나는 집으로 돌아온 후 책과 인터넷으로 우주가 어떻게 생겨났는지 알아보기 시작했어. 그리고 옛날부터 많은 사람들이 나처럼 밤하늘을 보며 우주에 대해 궁금해 했다는 걸 알게 되었지.

하늘아, 혹시 2011년 12월 10일 밤에 뭘 하고 있었어? 나는 그날 밤 베란다로 나가 덜덜 떨면서 졸음을 참고 있었어. 아마 나뿐만 아니라 '별 보기 클럽' 대원들 모두 그랬을걸? 바로 그날 우리나라에서 개기 월식달이 지구의 그림자에 완전히 가려지는 현상을 볼 수 있었거든. 달이 서서히 사라지는 모습이 얼마나 신기했는지 몰라! 만약 내가 개기월식이 무엇인지, 언제 일어날지 몰랐다면 엄청 깜짝 놀랐을 거야. 아마 옛날 사람들이 그랬겠지? 그들에게는 개기일식태양이 달에 완전히 가려지는 현상이나 개기월식뿐만 아니라 태양이 떠올랐다 지고, 밤하늘에 달과 별이 반짝이는 일상적인 일들이 모두 놀랍고 두려웠을지도 몰라. 아직 천문학이 발달하기 전이니 당연하지. 옛날 사람들은 왜 그런 일이 일어나는지 수없이 상상했고, 그 결과 다양한 우주를 생각해 냈어.

옛날 사람들이 생각한 우주의 모습은 지금 생각하면 조금 황당하기까지 해. 하지만 당시에는 '그럴 듯해 보인다'고 받아들여졌지. 우주에 대해서 잘 알지 못하니까 가장 쉬운 설명을 받아들인 거야. 그 대표적인 예가 바로 천동설이야.

지금은 태양이 태양계의 중심이고, 지구는 태양 주위를 도는 행성이라는 '지동설'이 당연하게 받아들여지지. 하지만 옛날 사람들은 지구가 우주의 중심이고 태양이 지구 주위를 돈다는 천동설을 믿었어. 사실 우리도 태양이 '떠오른다'라고 말하잖아. 그건 태양이 움직이는 것처럼 보이기 때문이야.

천동설을 과학적으로 주장한 사람은 바로 고대 그리스의 천문학자 프톨레마이오스였어. 그는 『천문학 집대성』이라는 책에서 천동설을 주장했어. 설명이 논리적이었기 때문에 무려 1400년 동안 최고의 천문학

★ 코스모스의 우주 노트

옛날 사람들이 생각한 우주

과학이 발달하기 전까지 사람들은 지구와 우주의 모습을 상상해 만들어 냈어요. 각 지역마다 전해 내려오는 우주의 모습이 어떤지 살펴볼까요?

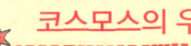

그리스
지구는 원통형이고 움직이지 않아. 대신 태양, 별, 달 등이 지구를 둘러싸며 움직이지.

중국
지구는 직육면체 모양이야. 그 위의 평평한 부분에 우리가 서 있지. 그리고 그 위를 둥근 하늘이 덮고 있는 거야.

이집트
하늘의 여신 누트가 손과 발을 땅 위에 대고 몸을 구부리고 있어. 누트의 몸에는 하늘의 별들이 새겨져 있지. 누트가 매일 저녁에 태양을 삼켰다가 새벽에 다시 토해 내기 때문에 낮과 밤이 생기는 거야.

고조선(한국)
땅은 넓고 평평해. 하늘은 삿갓 모양으로 땅 위 80만 리(약 314만km) 정도 떨어진 곳에서 땅을 덮고 있어. 북극 부분이 삿갓의 중심이 되는 거야.

수메르(지금의 이라크 지방)
우리 눈에 보이는 대로 하늘은 둥근 천장 모양이고, 땅은 넓고 평평해. 그 천장 안에 별과 달, 태양이 움직이고 있어.

인도
거대한 뱀 위에 거북이가 올라 앉아 있고, 그 거북이의 등 위에 네 마리의 코끼리가 서서 지구를 떠받치고 있어. 지구 한가운데에는 가장 높은 산인 '수미산'이 솟아 있고, 해와 달은 그 위를 돌고 있지.

까만 우주 속 작은 별

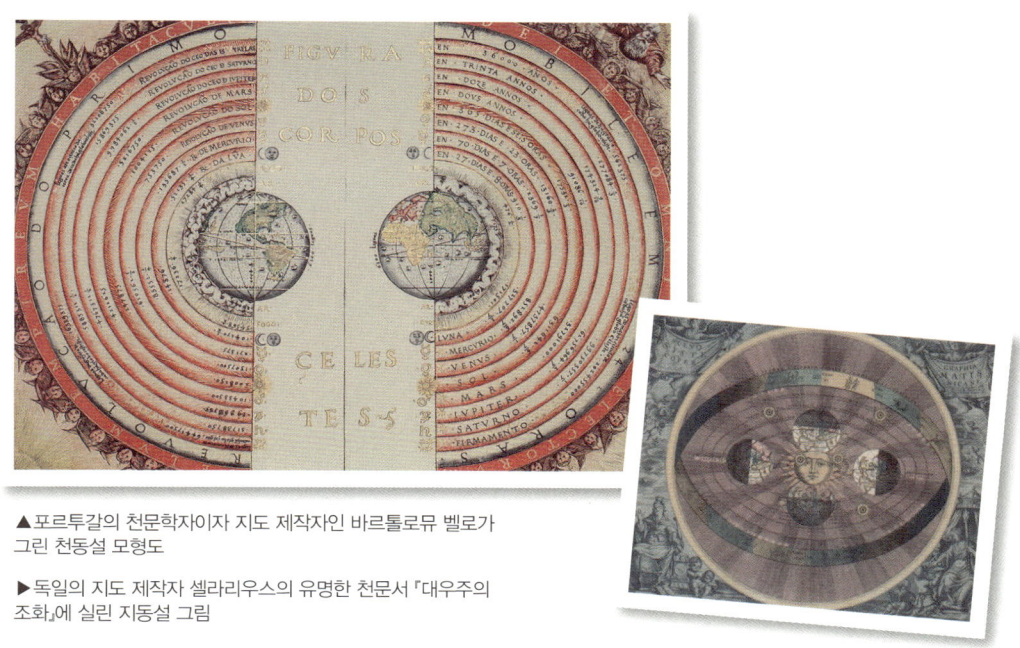

▲ 포르투갈의 천문학자이자 지도 제작자인 바르톨로뮤 벨로가 그린 천동설 모형도

▶ 독일의 지도 제작자 셀라리우스의 유명한 천문서 『대우주의 조화』에 실린 지동설 그림

책으로 인정받았지. 과학이 계속해서 발전했지만 오랫동안 프톨레마이오스의 이론에 맞설 만한 주장이 나오지 않았어.

사실 프톨레마이오스 이전에 이미 지동설을 주장한 사람이 있었어. 바로 기원전 3세기경 그리스의 아리스타르코스라는 사람이었어. 하지만 그 당시 사람들은 지구가 원통 모양이라고 생각했고 아리스타르코스는 신을 모욕한 죄로 종교 재판까지 받아야 했어. 아주 오랫동안 권위를 지켜 온 교회 역시 천동설이 옳다고 주장했지. 하지만 천동설에는 결정적인 허점이 있었어.

프톨레마이오스 (85?~165?년)

코페르니쿠스 (1473~1543년)

천동설대로라면 태양을 비롯한 모든 별들이 일정한 방향(서쪽에서 동쪽)으로 지구 주변을 맴돌아야 해. 하지만 화성을 관찰하다 보면 가끔씩 반대로, 그러니까 동쪽에서 서쪽으로 움직이는 경우도 있었거든. 그걸 화성의 역행이라고 하는데, 천동설은 그 현상을 설명할 수 없었어. 수많은 천문학자들이 예외라고 생각하며 애써 무시했지만, 딱 한 명 폴란드의 수도사 코페르니쿠스만은 달랐지. 그는 오랜 연구 끝에 화성의 역행을 비롯한 여러 가지 오류_{이치에 맞지 않는 일들}을 설명할 수 있는 방법은 지동설이라는 걸 깨달았어. 코페르니쿠스는 1514년에 책을 완성했지만 교회의 탄압을 두려워해 자신이 죽기 전 1543년이 되어서야 발표했어. 『천구의 회전에 관하여』라는 이 책은 몰래 몰래 퍼져 나가 여러 천문학자들의 지지를 받았지. 하지만 결국 많은 과학자들이 지동설을 지지했다는 이유만으로 고통을 받았어. 이탈리아의 천문학자 브루노는 지동설을 지지했다가 화형을 당했고, 지동설의 과학적 근거를 마련한 '근대 과학의 아버지' 갈릴레이 역시 70세라는 나이에 종신형을 선고 받았어.

하지만 죽음을 두려워하지 않고 자신이 믿는 바를 끝까지 주장한 여러 과학자들 덕분에 결국 지동설은 세상에 알려졌고 마침내 인정을 받았어. 그전까지 지구가 우주의 중심이고, 지구 때문에 우주가 생겨났다고 믿었던 사람들은 큰 충격을 받았지. 그때부터 사람들은 고민하기 시작했어.

브루노 (1548~1600년)

갈릴레이 (1564~1642년)

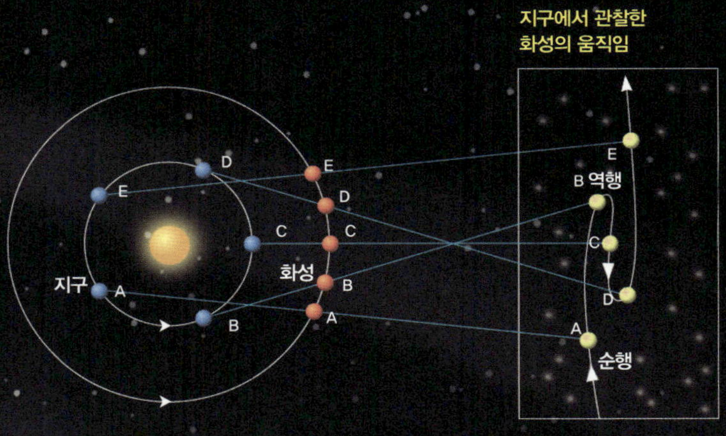

지구에서 관찰한 화성의 움직임

지구에서 화성을 관측하다 보면 동쪽에서 서쪽으로 움직이는 역행 현상을 보일 때가 있다. 그림에서 보듯이 화성의 공전주기는 지구보다 느리다. 이 속도 차이로 인해 화성은 A→B까지는 순행을, B→C→D는 역행, 다시 D→E는 순행을 한다. 지동설을 따르면 화성의 역행을 쉽게 설명할 수 있다.

우주는 어떻게 생겨났을까?

대체 우주는 왜 생겨난 걸까? 그리고 언제, 어떻게 생겨난 걸까? 하지만 이 질문에 대한 답을 내리기는 쉽지 않았어. 왜냐하면 우주가 움직이는 자연 법칙은 지구와는 전혀 다를 거라고 생각했기 때문이지. 이런 생각을 바꿔 놓은 사람이 바로 아이작 뉴턴이야.

뉴턴이 떨어지는 사과를 보고 중력_{지구가 물체를 끌어당기는 힘}을 생각해 냈다는 이야기를 들어 본 적이 있지? 뉴턴은 지구가 태양 주위를 돌고 달이 지구 주위를 도는 건 모두 중력 때문이라는 사실을 밝혀냈어. 그건 천문학적으로 큰 의미가 있는 발견이었어. 우주의 자연 법칙 역시 지구와 같다는 뜻이었거든. 그 이후로 많은 과학자들이 우주에 대해 본격적으로 연구하기 시작했어.

혹시 멀리서 경찰차가 사이렌을 울리며 다가오는 걸 들은 적이 있니? 그럴 경우 경찰차가 멀리 있을 때는 사이렌이 낮게, 가까이 다가올수록 높게 울리잖아. 사실 사이렌의 소리는 계속 똑같은데 말이야. 그걸 도플러 효과라고 해.

빛 역시 마찬가지야. 거리가 멀어질 때는 빛의 색깔이 점점 붉은색으로 변하고, 가까워지면 파란색이 되지. 미국의 천문학자 허블은 이 사실을 안 이후로 같은 별을 시간을 두고 계속 관측했어. 그 결과 별빛이 조금씩 붉은색으로 변한다는 사실을 알아냈지. 즉, 별은 늘 그 자리에 있는 게 아니라 점점 멀어지고 있었어.

과학자들은 허블의 발견을 토대로 우주가 팽창하고 있다는 '팽창 우주론'을 주장하지. 그런데 시간이 흐를수록 우주가 팽창한다는 건, 다시 말해서 예전에는 아주 작았다는 뜻이잖아? 시간을 뒤로 뒤로 뒤로 돌려 보면 '우리의 우주는 한 점에서 출발했다'라는 생각도 할 수 있겠지? 그게 바로 빅뱅 이론의 출발점이야.

★ 코스모스의 우주 노트

도플러 효과

아래 그림은 거리에 따라 달라지는 자동차의 진동수예요. 진동수는 일정한 시간에 같은 상태가 몇 번이나 반복되는지 나타내는 양을 말하지요. 자동차가 가까이 다가올 때는 진동수가 커지기 때문에 경적 음이 높아요. 반대로 자동차가 멀어질 경우에는 진동수가 작아지기 때문에 경적 음이 낮지요. 파장이 길어질 경우 적색편이, 짧아질 경우 청색편이라고 말하는데 편이 정도에 따라 별이 멀어지는 속도와 다가오는 속도를 계산할 수 있답니다.

가까워짐 / 멀어짐

⭐ 빅뱅 이론, 작은 씨앗에서 태어난 우주

빅뱅이라고 하니까 혹시 아이돌 그룹을 먼저 떠올린 건 아니지? 하하!

빅뱅 이론을 쉽게 이해하고 싶다면 우선 작은 씨앗을 생각해 봐. 그런 다음 작은 씨앗이 싹을 틔우고 커다란 나무로 자라는 과정을 떠올리는 거지. 어때? 상상이 가니?

빅뱅 이론 역시 마찬가지야. 만약 우주가 하나의 씨앗에서 출발했다면? 그 씨앗이 갑자기 대폭발(Big Bang)을 일으키면서 끝없이 팽창해 나가 지금의 우주를 만들었다는 생각이 바로 빅뱅 이론이야. 그리고 그

폭발로 성운과 은하, 별들이 만들어졌다고 해.

러시아 출신의 미국 물리학자 조지 가모프는 1946년 논문을 통해 처음으로 빅뱅 이론을 주장했어. 우주는 원래 굉장히 뜨거운 하나의 불덩이였지만 점점 팽창하면서 온도가 서서히 식어 버렸대.

하지만 빅뱅 이론은 처음에 그 불덩이가 어떻게 생긴 건지 설명하지 못했어. 영국 케임브리지대학교의 천문학과 교수들은 드러내 놓고 빅뱅 이론을 비판하며 그 대신 '정상 우주론'을 발표했어. 우주는 옛날이나 지금이나 변하지 않고 늘 똑같다는 거였지. 많은 과학자들이 정상 우주론을 지지하며 빅뱅 이론 학자들과 경쟁을 벌였어. 하지만 1948년 미국의 물리학자 랠프 앨퍼와 로버트 허먼이 다음과 같은 주장을 했단다.

"우주가 대폭발을 일으켰을 때 생겨난 전자파(우주배경복사)가 아직 우주를 돌아다니고 있을 것이다. 그 전자파의 온도는 영하 268℃ 정도이다."

이 이론은 발표 당시에는 무시를 받았지만 마침내 1964년 결정적인 증거가 나타났어. 미국의 천체물리학자 아노 펜지어스와 로버트 윌슨이 실제로 우주배경복사를 발견해 낸 거야. 정상 우주론으로는 이 전자파가 생겨난 이유를 설명할 수 없었지. 결국 그때부터 빅뱅 이론은 현대 우주론의 기본 학설로 인정받았어.

빅뱅 이론은 지금도 수많은 천문학자와 물리학자들이 연구하고 발전시켜 나가고 있어. 하지만 여전히 설명할 수 없는 부분들도 많아.

첫째, 우주가 하나의 점에서 시작되었다면 대체 그 점은 어떻게 만들어졌을까? 그리고 폭발하는 순간 대체 무슨 일이 벌어졌던 것일까?

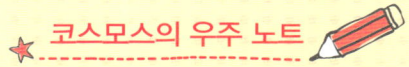

빅뱅 이론의 원래 이름은 원시 불덩이?

조지 가모프가 처음 논문을 발표했을 때 그는 자신의 주장을 '원시 불덩이 이론'이라고 불렀어요. 우주가 처음에는 하나의 불덩이였다는 거죠. 그렇다면 빅뱅 이론이라는 말은 언제 지어진 걸까요?

사실 빅뱅 이론이라는 말을 만든 사람은 조지 가모프가 아니라 정상 우주론을 주장한 케임브리지대학교의 천문학과 교수 프레드 호일이었어요. 호일은 아무리 생각해도 원시 불덩이 이론을 인정할 수 없었어요. 그래서 영국의 국영 방송인 BBC와 인터뷰를 했을 때 "어디서는 우주가 작은 한 점에서 뺑!(BANG) 하고 대폭발을 일으켜 생겨 났다는 이론도 있더라"라며 가모프의 이론을 비웃었지요. 그런데 가모프는 그 말이 꽤 마음에 들었던지 스스로 자신의 이론을 빅뱅 이론이라고 부르기 시작했어요.

현대에 와서 정상 우주론은 점점 힘을 잃고 사라졌지만, 정상 우주론을 주장한 호일이 '빅뱅 이론이란 말을 만든 사람'으로 이름을 남겼으니 정말 재미있는 일이에요.

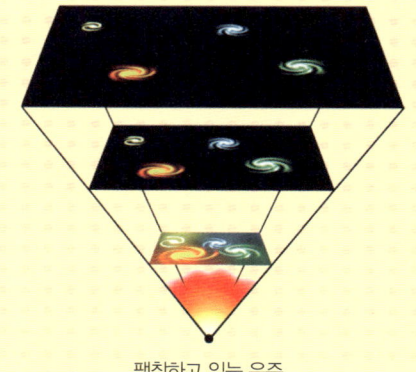

팽창하고 있는 우주

둘째, 빅뱅 이전에 시간도 공간도 존재하지 않았다면 대체 무엇이 있었을까?

셋째, 우주가 계속해서 팽창해 나간다면 아직 비어 있는 '우주 너머'에는 대체 무엇이 있을까?

정말 머리가 지끈거릴 정도로 골치 아픈 문제들이지만, 나는 오히려 몹시 기뻐. 왜냐하면 언젠가 내가 풀어낼 수도 있으니까. 만약 그렇게 된다면 다음 노벨상의 주인공은 나? 히힛!

하늘아, 너도 나랑 같이 이 문제들에 대해서 고민해 보지 않을래?

댓글 3개 | 등록순 ▾ | 조회수 41

 하늘 네 덕분에 우주가 어떻게 생겨났는지 궁금증이 풀렸어. 그렇다면 별은 언제 생긴 걸까? 설마 별들의 나이가 모두 동갑인 건 아니겠지?

 코스모스 앗, 미안 미안! 그 얘기를 빼 먹었네. ^^;;

 별할머니 얘들아, 그 얘기는 내가 알려 줄게~!

댓글입력

우주 개발은 어떻게 시작되었을까?

우주 개발이란 우주 공간으로 각종 장치와 기기를 보내거나 인간 자신이 우주로 나가는 모든 활동을 말해요. 초창기에는 미국과 소련(옛 러시아)의 경쟁으로 시작되었지만 지금은 우리나라를 포함한 많은 나라들이 우주 개발에 참여하고 있어요. 우주 개발의 역사를 한번 알아볼까요?

1957년 10월 4일
소련이 최초의 인공위성 스푸트니크(Sputnik) 1호 발사

미국 국립 공군 박물관에 전시된 스푸트니크 모형

1957년 11월 3일
소련이 첫 우주 비행 생명체인 개(라이카)를 스푸트니크 2호에 태워 발사

라이카의 우주 여행을 기념한 우표

1958년 10월 1일
미국이 나사(NASA, 미국항공우주국)를 설립

1959년 1월 2일
소련이 처음으로 태양 궤도를 도는 인공위성 루나 1호 발사

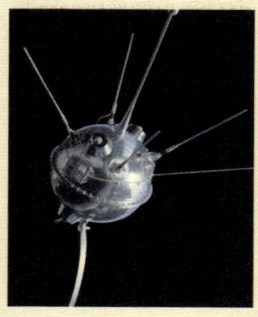

루나 1호 모형

1961년 4월 21일
최초의 우주인 유리 가가린이 지구 궤도를 도는 데 성공

유리 가가린(소련)

1963년 6월 16일
소련이 인류 최초의 여성 우주 비행사인 발렌티아 테레쉬코바를 태운 보스토크(Vostok) 6호 발사

첫 여성 우주 비행사를 기념하는 우표

1969년 7월 20일
미국의 아폴로 11호에 탑승했던 암스트롱이 인류 최초로 달에 발을 내딛음

우주복을 입고 있는 닐 암스트롱

1986년 1월 28일
우주 왕복선 챌린저호가 이륙한 뒤 곧바로 공중에서 폭발하는 사고가 일어나 승무원 7명이 모두 사망했다. 원인은 발사할 때 사용되는 모터의 이상이었다.

1992년 8월 11일
우리나라 최초의 인공위성 우리별 1호 발사

우리별 1호 모형

1998년 11월 20일
최초의 국제 우주 정거장(ISS) 시설이 발사됨

2001년 4월 28일
미국인 사업가 데니스 티토가 최초의 우주 관광객이 되어 러시아 우주선 '소유즈·TM32'에 탑승

맨 왼쪽이 데니스 티토

2008년 4월 8일
국내 최초의 우주인 탄생

맨 왼쪽이 우주인 이소연

과학자들의 오만과 편견

자연 속에는 여러 가지 과학이 숨어 있다. 새로운 법칙을 발견한 과학자는 사람들의 박수와 존경을 받는다. 하지만 새로운 이론이 그때까지 사실이라고 철썩 같이 믿던 이론을 뒤엎어야 하는 경우 오히려 비난을 받거나 큰 다툼이 일어나기도 한다. 그 대표적인 예가 바로 지동설을 주장한 갈릴레이가 종교 재판을 받은 일이다.

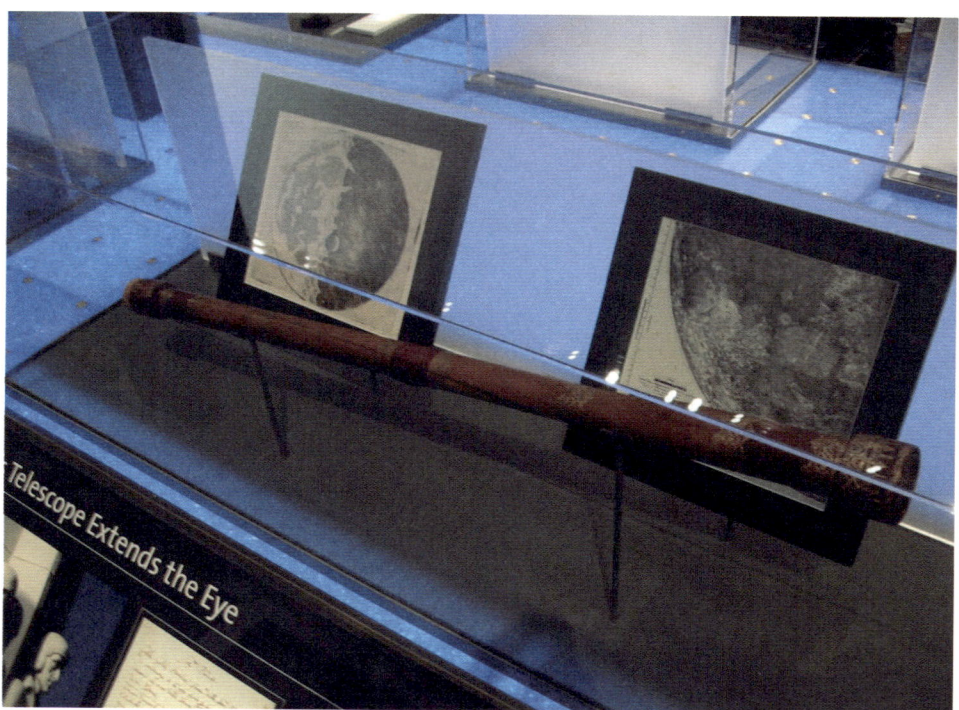

갈릴레이가 초기에 사용했던 망원경. 당시에는 접안렌즈가 오목렌즈였는데 상은 똑바로 보였지만 선명하지 못했다.

갈릴레이가 살던 시대에는 많은 사람들이 지구가 우주의 중심이라고 믿었다. 따라서 갈릴레이가 태양계의 중심은 지구가 아니라 태양이라고 주장했을 때 많은 사람들이 당황해 하며 갈릴레이에게 비난을 퍼부었다. 하지만 그 당시의 천문 기기로는 제대로 된 증거를 내놓을 수 없었다. 게다가 예전부터 믿어 왔던 과학적 사실과 종교가 큰 권위를 가지고 있었기 때문에 갈릴레이는 지동설을 떳떳하게 주장할 수 없었다. 그는 결국 종교 재판에서 자신의 주장은 잘못되었다고 스스로 인정한 뒤 천동설이 옳다는 문서에 사인을 하고 말았다.

지금까지 과학 발전의 역사를 살펴보면 새로운 발견이나 생각이 기존 이론을 완전히 뒤집거나 새롭게 설명한 경우가 많았다. 즉, 두 개 이상의 이론이 서로 경쟁하면서 과학이 더 많이 발전할 수 있도록 도움을 준 것이다. 이렇듯 선의의 경쟁은 더 나은 결과를 낳기 위해 꼭 필요하다. 하지만 한쪽의 의견만 참 지식이라고 주장하며 고집을 부리는 자세는 상대방뿐만 아니라 자기 자신에게도 피해를 입힐 수 있다. 갈릴레이의 경우만 보더라도 오만_{건방지거나 거만한 태도}하고 편견_{공정하지 못하고 한쪽으로 치우친 생각}에 가득 찬 자세는 도리어 과학 발전에 걸림돌이 되기도 한다. 협력과 포용의 자세야말로 과학뿐만 아니라 우리가 살아가는 데 있어 꼭 필요한 마음가짐이라고 할 수 있다.

프랑스 화가 로베르 플뢰리의 작품 「바티칸 종교 재판소 앞의 갈릴레이」. 갈릴레이가 자신의 신념을 굽힌다고 말하기 직전의 순간을 표현하고 있다.

코스모스의 퀴즈!

우리가 늘 당연하게 봐 왔던 하늘과 우주가 새롭게 보이지 않니? 이참에 퀴즈도 한번 풀어보는 건 어때? 어려운 문제가 아니니까 너무 긴장하지 말고! 퀴즈를 잘 풀면 '별 보기 클럽'의 우수 대원으로 선정될 수도 있다고!

1. 태양이 태양계의 중심이고, 지구가 그 주변을 공전한다는 이론이에요.

2. 떨어지는 사과를 보고 중력을 생각해 낸 과학자예요. 중력은 지구뿐만 아니라 전 우주에 적용되는 법칙이에요.

3. 별이 지구로부터 멀어질수록 별빛이 붉은색으로 변한다는 사실을 발견한 과학자예요. 우주는 멈춰 있는 게 아니라 지금도 팽창한다는 사실을 알아냈지요.

4. 거리에 따라서 빛과 소리의 파장이 달라지는 현상을 말해요.

5. 우주가 팽창한다는 '팽창 우주론'을 근거로 한 이론이에요. 한 점에서 일어난 거대한 폭발로 우주가 시작되었다고 설명하지요.

㉠ 허블

㉡ 빅뱅 이론

㉢ 지동설

㉣ 뉴턴

㉤ 도플러 현상

정답: 1-㉢, 2-㉣, 3-㉠, 4-㉤, 5-㉡

⭐ 별은 영원히 반짝거리는 게 아냐!

 안녕, 하늘아. 나는 '별 보기 클럽'의 부대장 '별할머니'라고 해. 하지만 절대 할머니가 아니라는 것, 완전 아리따운 소녀라는 사실 꼭 기억했으면 좋겠어. 못 믿겠다면 클럽 사진 폴더에 들어가 봐. 거기서 가장 예쁜 여자애가 바로 나야, 알겠지?

 내가 '별할머니'라는 이름을 사용하는 건 바로 대장 코스모스 때문이야. 코스모스와 나는 천문대에서 열린 별 관측 행사에서 처음 만났어. 박사님들이 별에 대해 자세하게 설명해 주고, 커다란 천체망원경으로 별을 관측하는 그런 행사 말이야. 그 가운데 '내 별 찾기' 시간이 있었는데 자기 마음에 드는 별을 골라 내 별로 정할 수 있었어. 난 아무 별이나 내 별로 할 수 없다는 생각에 정말 신중하게 살펴봤지. 그러다 별 하나가 눈에

확 띄는 거야! 별 주변에는 구름이 자욱하게 깔려서 무척 신비로웠어. 아주 작지만 하얗게 반짝이는 별! 그 별을 본 순간 바로 내 별이구나 했지. 난 곧바로 손을 들고 그 별이 맘에 든다고 말했어. 그런데 박사님이 무척 난처해 하며 말을 잇지 못하는 거야. 내가 머리를 갸우뚱거리는데 어디선가 커다란 웃음소리가 들렸어. 바로 코스모스였지.

"뭐야, 저게 네 별이면 넌 할머니네?"

처음에는 걔가 무슨 말을 하는지 알 수 없었어. 그런데 알고 보니 그 별이 곧 사라지기 직전의 노인별이었다지 뭐야! 이럴 수가, 별은 영원

히 빛나는 거 아니었어? 그때부터 코스모스는 나를 별할머니라고 놀리기 시작했고, 나는 약이 올라서 나한테 어울릴 만한 소녀별을 찾기 위해 공부하기 시작했어. 그러다 결국 이 모임에까지 들어오게 됐지. 그런데! 코스모스가 뭐랬는 줄 알아? 내 클럽 아이디를 '별할머니'라고 하지 않으면 받아 주지 않겠다나 뭐라나! 정말 못됐어……. 물론, 나도 가만있지는 않았지만 말이야! (코스모스가 여자라는 소문 누가 냈게?)

별은 태어나고 자라서 나이가 들면 결국에는 사라져. 태양도 별이니 마찬가지지. 하지만 우리가 그 일생을 모두 볼 수는 없어. 왜냐하면 별이 탄생하기까지는 10만 년 정도가 걸리고, 태양 같은 별들의 수명은 약 100억 년이나 되거든. 태양은 이미 자기 수명의 절반인 50억 년 정도를 살았다고 하니까 사라지려면 50억 년이 더 남은 거야. 사람이 100살까지 산다고 해도 무려 5000만 배나 더 오래 사는 거라고! 그런데 별은 대체 언제 어떻게 생기는 걸까?

대폭발이 일어난 후 우주가 빠르게 팽창할 때 우주를 가득 채운 건 수소 원자물질을 이루는 가장 작은 단위였어. 만약 그 원자들이 고르게 퍼져 나갔다면 서로 서로 중력의 영향을 받아서 우주는 안정됐을 거야. 그럼 아마 우주에는 아무것도 생기지 않았겠지. 하지만 실제로는 그렇지 않았어. 수소 원자들이 서로 뭉치기도 했거든. 시간이 지날수록 수소 원

오리온대운은 밤하늘의 여러 성운들 가운데 가장 유명한 성운이다. 이 성운은 매우 밝아서 오래전부터 이미 알려져 있었다.

자들은 계속해서 합해졌고 결국 아주 거대한 수소 구름을 만들어 냈어. 그게 바로 성운이야.

성운은 고요하게 빛나는 것처럼 보이지만 안에서는 입자들이 이리저리 움직이느라 정신이 없어. 그러다가 우연히 한곳에 입자들이 모이는 경우가 생겨. 그럼 그때부터 자기들끼리 맴을 돌며 회오리를 만들어 내지. 그 회오리에 주변 입자들이 점점 빨려들면 조금씩 커지면서 더 많은 입자들을 끌어당겨. 그 과정이 계속되면 결국 회오리는 커다란 붉은 공으로 변한단다. 그때를 원시별 또는 아기별이라고 불러.

아기별, 할아버지별 모두 함께 빛나요!

성운 한 곳의 밀도가 높아지면 그곳으로 주위의 물질이 모여 들어 회오리가 만들어진다. 그 회오리가 주변 입자를 더 끌어당겨 한 덩어리가 된다. 덩어리가 점점 수축하면 중심부가 뜨거워지고 마침내 아기별(원시별)이 탄생하게 된다.

    원시별은 크기가 어마어마한 대신 온도는 1000℃ 정도밖에 안 돼. 물론 그 정도로도 아주 뜨겁지만 별이 만들어지기에는 한참 부족하단다. 그때쯤이면 수소 분자_{원자들이 합해진 것}들은 밖으로 나가지 못하고 점점 중심으로 모여 들어. 그만큼 별의 크기는 줄어들지만 점점 단단해지고, 그 안의 수소 분자들은 서로 부딪치며 열을 내뿜지. 그러다 1000만℃

가 되는 순간 별 한가운데에서 '아주 강한 핵반응원자의 중심을 이루는 원자 핵들이 서로 충돌해 다른 원자핵으로 변하는 것'이 일어나. 이때 엄청나게 강한 빛과 열에너지가 생겨나 우주로 뻗어 나가지. 드디어 별이 탄생한 거야! 이때부터 별의 크기는 더는 줄어들지 않아. 밖으로 뻗어 나가려는 힘과 안으로 빨아들이는 힘이 서로 같아져서 균형을 이루는 거지.

★ 별할머니의 스타 노트

태양 에너지가 원자력이라고?

2011년 일본 후쿠시마 원전에서 방사능 누출 사고가 일어났어요. 그러자 많은 사람들은 원자력 발전이 얼마나 위험한지 새삼 깨닫게 되었어요. 원자력 발전을 멈추고 친환경 대체 에너지를 개발하자는 의견이 높아졌고, 그 가운데 태양 에너지에 많은 관심이 쏠렸어요.

태양은 1초마다 225조kW의 에너지를 만드는데, 원자력 발전소 2억여 개가 있어야 만들어 낼 수 있는 엄청난 양이에요. 그런데 재미있는 사실은 태양 에너지의 원리도 알고 보면 원자력 발전이라는 것이죠. 하지만 중요한 차이점이 있어요. 태양 에너지를 이용하는 방법이 훨씬 안전하고 자연환경도 망치지 않는답니다.

▲ 우크라이나에 있는 태양 에너지 발전소

내일은 내일의 태양이 뜰까?

태양같이 빛나는 별의 수명은 크기와 밀접한 관련이 있어. 크면 오래 사는 거냐고? 아니, 오히려 반대야. 왜냐하면 별의 크기가 클수록 수소 원자를 빨리 써 버리거든. 크기가 큰 별 가운데 어떤 별은 수명이 겨우 300~400만 년밖에 되지 않아. 역시 별이나 사람이나 모두 몸매 관리를 해야…… 내가 뚱뚱하다는 건 절대 아냐!

흠흠, 아무튼 태양의 크기와 안에 있는 수소 원자의 양을 계산한 결과, 태양이 수소 원자를 다 쓰는 데 걸리는 시간은 약 100억 년 정도래. 이 정도면 별 치고는 굉장히 양호하지. 그렇다면 수소 원자를 다 쓰는 순간, 전기가 꺼지듯 탁 하고 햇빛이 꺼지는 걸까?

그건 아니야. 그때가 되면 태양 속 입자들은 중력 때문에 다시 서로 부딪히면서 한 번 더 거대한 열에너지를 만들어 내. 그 열에너지는 태양 표면에 있는 수소 원자들을 자극해 또다시 강한 핵반응을 일으키지. 또한 열에너지 때문에 태양은 붉은색을 띠면서 지금보다 약 100배 정도는 부풀어 오를 거야. 그때의 상태를 적색 거성이라고 말해.

적색 거성이 된 태양은 수성과 금성을 집어 삼켜 버릴 거야. 지구는 태양이랑 너무 가까워지는 바람에 물이 모두 말라 버리고 대기마저 타 버려서 죽음의 별이 될 거야. 그리고 결국 태양에게 집어 삼켜질 테지.

하지만 그건 50억 년 후에나 벌어질 일이야. 그때에는 과학 기술이 지금과는 비교되지 않을 만큼 발전할 테니 사람들이 살아남을 방법을 찾아낼 거야. 그러니 너무 걱정하지 않기!

태양이 적색 거성으로 사는 기간은 수십 억 년이나 돼. 그 긴 시간 동안 태양은 서서히 식어 간단다. 열에너지는 점점 사라지고 그 대신 중력의 힘이 다시 커지면서 크기가 줄어들기 시작해. 하지만 크기가 작아지면 다시 핵반응이 시작되고 강한 열에너지도 나오면서 다시 한 번 빠

아기별, 할아버지별 모두 함께 빛나요!

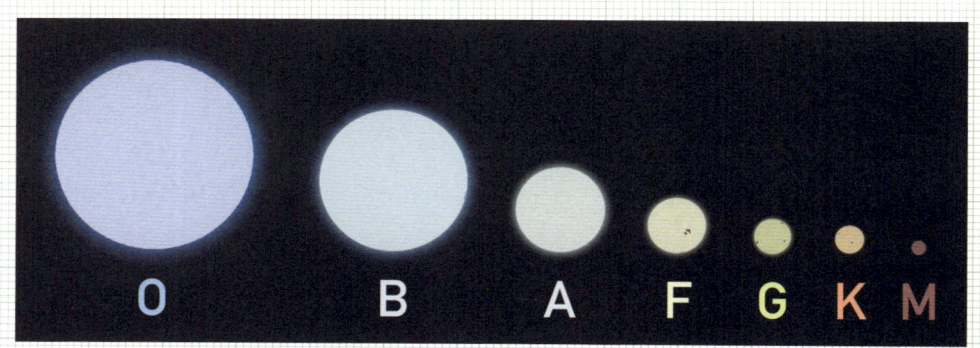

별은 온도에 따라 O형, B형, A형, F형, G형, K형, M형으로 나눈다. O형이 3만 도 이상으로 가장 온도가 높고, M형은 3000도 정도이다. 즉, 붉은색으로 빛나는 별일수록 표면온도가 낮다. 적색 거성은 M형, 백색 왜성은 B형과 A형 사이, 태양은 G형에 속한다.

르게 팽창이 일어나. 그래서 1000만 년 정도만 지나면 다시 적색 거성이 돼. 이런 식으로 태양은 몇 번의 팽창과 수축을 규칙적으로 반복해.

하지만 이 시기가 모두 지나면 태양은 더 이상 안에 있는 가스를 붙잡을 힘도 없게 돼. 그럼 가스들은 태양을 벗어나 그 주변으로 퍼져 나가지. 그럼 중심에는 하얀 빛을 내뿜는 백색 왜성, 즉 하얀 난쟁이별이 남아. 크기는 작지만 중력은 엄청나게 크단다. 이 별에서는 엄지손가락이 자동차만큼 무겁다고 해. 난쟁이별은 서서히 식어 가면서 언젠가 사라질 날만을 기다려. 마치 나무가 활활 타오르다 결국 하얀 재만 남기는 것처럼 말이야. 내가 천문대에서 찜 했던 별이 바로 이때의 별이야. 아무리 그래도 그렇지 '별할머니'가 뭐냐고!

초신성과 블랙홀

태양보다 더 큰 별들은 태어나는 건 비슷하지만 마지막 과정이 달라. 핵반응이 끝나고 나면 큰 별들은 적색 초거성반지름이 태양의 100배가 넘는 별으로 변해. 그러면 원자들의 힘도 커져서 안정을 찾지 못하고 갑자기 폭발해 눈부신 별 구름이 되고 말아. 그걸 초신성 폭발이라고 부르지.

우리은하에서 가까운 왜소은하인 대마젤란은하에서 1987년 초신성 폭발이 관측됐다. 최근 연구 결과 초신성 폭발이 일어난 뒤 많은 양의 먼지가 만들어지고 있다는 사실이 확인됐다.

태양과 비교할 수 없을 만큼 큰 별들의 마지막은 더욱 놀라워. 그런 별은 스스로의 중력 때문에 안으로 계속해서 줄어들다가 결국 블랙홀이 되어 버리지!

블랙홀은 '검은 구멍'이란 뜻이야. 말 그대로 끝도 없이 강한 중력으로 주변의 모든 것들을 진공청소기처럼 빨아들여. 심지어 빛까지도 말이야. 그런데 여기서 생기는 궁금증 하나! 도대체 블랙홀은 그 많은

물질들을 빨아들여서 어디에 보관하는 걸까? 물론 그냥 사라질 수도 있지만 이론상으로 그런 일은 불가능해. 어떤 사람들은 진공청소기처럼 빨아들이는 블랙홀이 있다면, 반대편에 그걸 내뱉는 구멍도 있을 거라고 주장해. 그 이론을 바로 블랙홀의 반대 개념인 화이트홀이라고 불러. 블랙홀이 빨아들인 물질은 이동 통로인 웜홀을 지나 반대편의 화이트홀로 빠져나간다는 이론이지. 그렇다면 그 화이트홀이란 건 구체적으로 어디에 있을까?

★ 별할머니의 스타 노트

별이 죽어서 남기는 건?

'호랑이는 죽어서 가죽을 남기고, 사람은 죽어서 이름을 남긴다'라는 속담은 다들 알고 있죠? 그렇다면 별이 죽으면서 남기는 건? 다름 아닌 바로 별이랍니다! 초신성 폭발은 원자폭탄 10^{27}개(1 뒤에 동그라미가 27개가 있는 거예요!)가 동시에 폭발하는 것과 같아요. 그만큼 강력하기 때문에 그 힘이 주변으로 뻗어 나가면서 주변의 원자들을 결합시키지요. 즉, 새로운 별이 탄생할 수 있게 만들어 주는 거예요.

그리고 초신성 폭발로만 얻을 수 있는 원소들도 있답니다. 바로 철보다 무거운 원소들이죠. 지구에 있는 금과 은, 우라늄은 모두 초신성 폭발의 흔적이에요. 지구가 태어났을 때쯤 태양계 근처에서는 초신성 폭발이 잦았다고 해요. 그때 만들어진 금과 은, 우라늄들이 지구로 흘러들어온 거죠.

웜홀 우주선 상상도
사과의 한쪽 면에서 다른 한쪽 면으로 갈 때 벌레가 구멍을 내서 가면 시간을 절약할 수 있다. 이처럼 한 블랙홀에서 다른 우주에 있는 화이트홀로 이어지는 지름길 노릇을 하는 구멍을 웜홀(worm hole, 벌레 구멍)이라고 한다.

사람들은 여러 가지 상상을 덧붙여 블랙홀이 다른 우주로 통하는 문이라는 가설도 만들어 냈어. 몇몇 SF 소설을 보면 주인공이 블랙홀로 빨려 들어가 시간 여행을 하거나 차원 이동을 해서 모험을 펼치기도 해. 그게 만약 사실이라면 정말 재미있겠지? 하지만 아쉽게도 화이트홀 이론은 조금 낡은 이론이 되어 버렸어. 모든 것을 흡수하기만 하는 줄 알았던 블랙홀이 사실은 조금이나마 원자를 내보낸다는 사실이 밝혀졌거든.

그렇다고 시간 여행을 포기하기는 아직 일러. 블랙홀의 많은 부분이 아직도 수수께끼로 남아 있거든. 혹시 알아? 언젠가 화이트홀이 정말로 존재한다는 연구 결과가 나올 수도 있잖아! 그때가 되면 다 함께 시간 여행을 떠나 보자고!

댓글 2개 | 등록순▾ | 조회수 27

 하늘 우와, 정말 대단해! 이제 별이 어떻게 태어나고 죽는지 자세히 알게 됐어. 마치 천문학자가 된 기분인걸^^ 그럼 이제 나도 직접 별을 관측해 보고 싶어. 혹시 특별히 필요한 준비물이 있을까?

ㄴ **관측대장** 아하, 별 관측이라면 나한테 맡겨! 고고씽~!

댓글입력

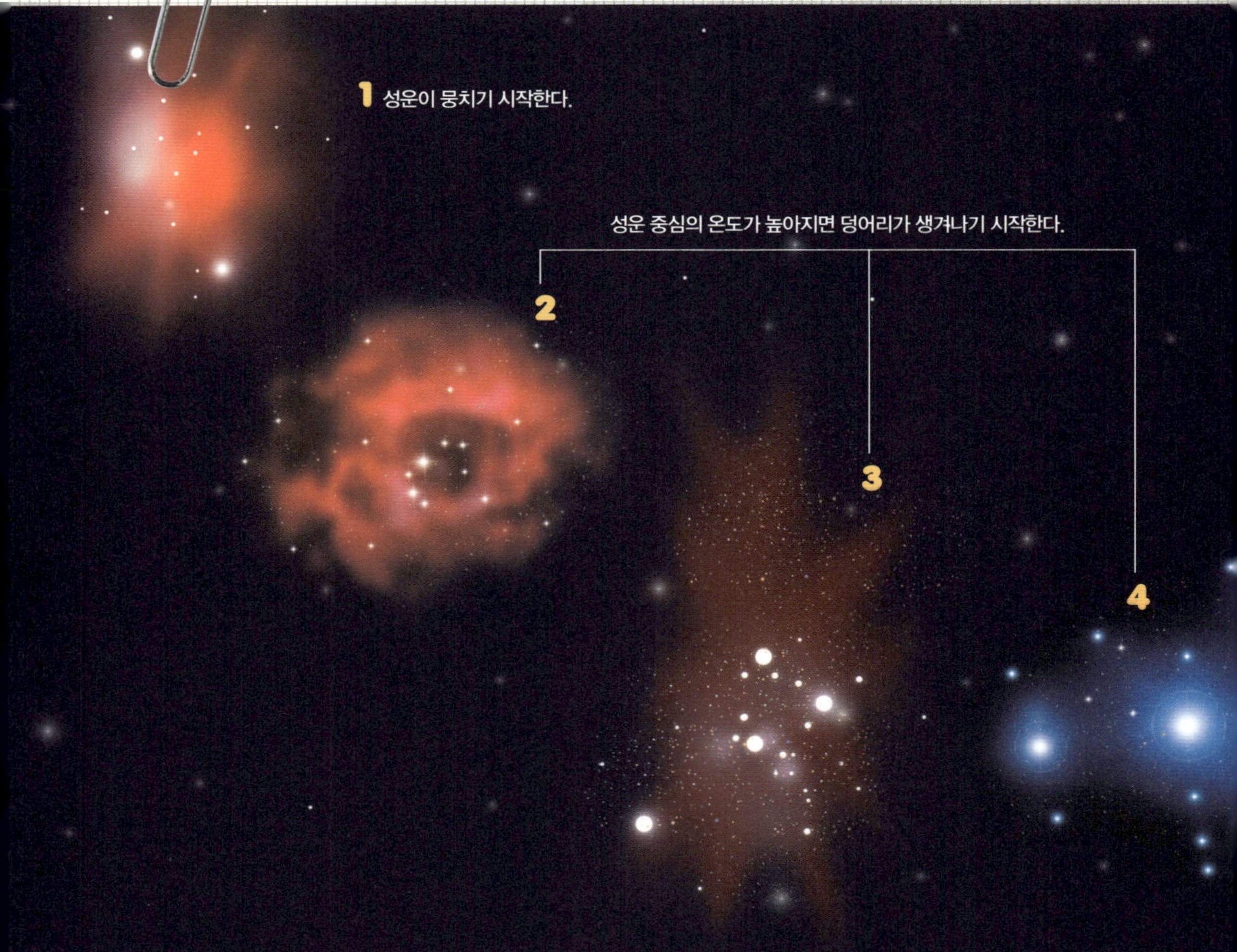

1 성운이 뭉치기 시작한다.

성운 중심의 온도가 높아지면 덩어리가 생겨나기 시작한다.

2

3

4

별이 태어나서 죽기까지

인간이 태어나서 성장하고 늙어가듯 별도 비슷한 일생을 살아요. 우주 공간의 가스와 먼지로 이루어진 성운에서 태어나 자신을 태우면서 성장하고 더 이상 태울 것이 없어지면 여러 모습으로 죽음을 맞이하지요. 아기별이 탄생하고 초신성 단계를 지나 최후를 맞이하기까지 별의 일생을 사진으로 만나 봐요.

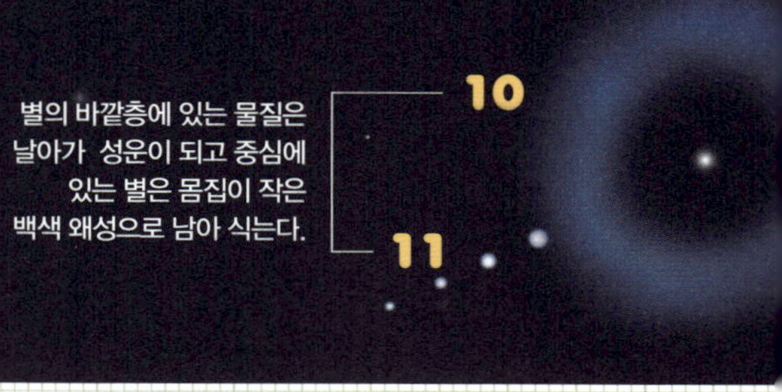

별의 바깥층에 있는 물질은 날아가 성운이 되고 중심에 있는 별은 몸집이 작은 백색 왜성으로 남아 식는다.

10

11

6 핵반응을 시작한다.

7 태양과 비슷한 질량을 가진 별의 경우, 핵반응을 통해 오랫동안 안정적으로 빛을 낸다.

5 아기별이 태어나고 성운은 날아가 버린다.

12 태양보다 질량이 큰 별은 짧은 기간에 내부의 에너지를 거의 다 써 버린다.

13 다시 적색 초거성이 된다.

8, **9** 열에너지가 점점 사라지면 별은 부풀어 올라 적색 거성이 된다.

14 초신성이 되어 폭발한다.

15 핵만 남은 상태인 중성자별이 된다.

16 매우 질량이 큰 별은 블랙홀이 되기도 한다.

헉, 우주 개발 비용이 7,000,000,000,000원?

2012년 6월 중국 당국은 다음과 같은 사실을 밝혔다. "최근 20년간 모두 390억 위안 (약 7조 원)의 예산을 우주 개발에 투입했다."
7조 원이라는 돈은 그 가치가 선뜻 떠오르지 않을 만큼 어마어마한 비용이다. 이 사실이 공개되자 중국 내에서 우주 개발이 그만큼의 가치가 있는 일인지를 놓고 열띤 토론이 벌어졌다. 어떤 사람들은 돈을 들여서라도 우주 개발에 계속 힘써야 한다고 주장한다. 하지만 또 어떤 사람들은 우주 개발에 이렇게 많은 돈을 들이면 그만큼 다른 분야에 쓰는 돈이 줄어들기 때문에 나라 전체 경제에 안 좋은 영향을 끼칠 수 있다고 주장한다. 뿐만 아니라 중국이 이렇게 우주 개발에 힘쓰는 이유가 미국과 경쟁하기 위해서라며 무작정 투자를 늘려서는 안 된다고 경고하는 사람들도 있다.
실제로 중국은 무서운 속도로 우주 개발에 박차를 가하고 있다. 1970년 세계에서 5번째로 첫 인공위성을 발사한 이후, 2000년대에 들어서면서 선저우, 창어 등 여러 개의 유인우주선과 달 탐사 위성 발사에 성공하였다. 2011년과 2016년에는 각각 실험용 우주 정거장 톈궁 1호와 2호를 설치해 선저우와의 도킹 실험도 이루었다. 현재 톈궁 1, 2호는 수명이 다 되어 대기권으로 낙하되어 폐기되었지만 중국은 여기에서 얻은 경험을 바탕으로 2022년까지 본격적인 우주 정거장 톈궁 3호를 건설한다는 계획을 발표했다.
이처럼 미국, 러시아, 중국을 선두로 여러 나라들이 우주 강대국의 지위를 차지하기 위해 우주 개발에 힘쓰고 있다. 하지만 여러 나라가 경쟁하다 보니 그만큼 무리한 결과를 낳기도 한다. 1986년 미국의 우주왕복선 챌린저호는 발사 직후 폭발해 7명의 승무원이 모두 죽고 말았다. 1997년 중국에서는 로켓이 발사장 근처 마을에 떨어져 많은 사람들이 죽는 일도 있었다. 우리나라 역시 2009년 이후 나로호 발사에 여러 번 실패하였다. 이 사고들은 모두 기술이 잘못되었거나 부품 결함이 원인이었지만, 다른 나라보다 조금이라도 더 빨리 성공시키기 위해 무리하게 진행한 결과이기도 했다. 또한 우주 개발에 필요한 로봇, 인공위성, 미사일 등은 대부분 군사 기술과 밀접하게 연관되어 있기 때문에 자칫 잘못하면 오히려 세계를 위험에 빠트릴 가능성도 높다.

하지만 지구의 환경은 갈수록 나빠지고, 자원들은 점점 고갈되어 가고 있다. 따라서 지구의 미래를 위해 우주에 새로운 생활 터전을 만드는 일은 꼭 필요하다. 이러한 관점에서 볼 때 우주 개발은 몇몇 나라의 국력을 자랑하기 위한 수단이 아니라 전 세계 모든 사람들이 평화롭게 살 수 있는 방법을 찾는 데 진정한 의미가 있다. 세계 각국은 자기들의 경제 상황에 맞게 충분한 시간을 두고 과학 기술을 발전시켜야 한다. 또한 혼자가 아닌 여러 나라가 함께 힘을 모아 모든 사람들이 공평한 기회를 가질 수 있도록 준비해야 할 것이다.

과도한 우주 개발 경쟁은 부작용을 낳는다. 사진은 미국이 달 탐사를 위해 개발한 대형 로켓인 새턴 V 로켓의 발사 준비 모습

별할머니의 진실 혹은 거짓!

별이 태어나서 사라지는 과정은 그 자체로 한 편의 거대한 드라마야. 내가 해 준 이야기를 잘 기억하고 있니? 그럼 내가 하는 말이 진실인지 거짓인지 한번 알아맞혀 봐!

출발: 태양은 앞으로 100억 년 동안 지금처럼 빛날 거야.

→ **진실** → 땡~! 태양의 수명은 약 100억 년인데, 현재 50억 살 정도래.

↓ **거짓**

친환경 에너지로 불리는 태양 에너지의 원리는 원자력 발전이야.

→ **진실** → 태양 안의 수소가 없어지고 나면 태양은 그대로 식어서 사라져.

↓ **거짓**

땡~! 태양 에너지도 핵반응을 통해 만들어져. 원자력 발전의 원리와 같지.

진실 ↓

노노! 태양은 팽창과 수축을 반복하면서 거대한 열에너지를 여러 번 만들어 내.

→ **거짓** → 모든 것을 빨아들이는 블랙홀은 태양보다 훨씬 큰 별이 죽을 때 만들어져.

↑ **진실**

도착: 짝짝짝! 와, 대단한걸?

↓ **거짓**

아이코! 태양보다 훨씬 큰 별은 죽을 때 스스로의 중력을 이기지 못해 안으로 수축하며 블랙홀이 돼.

3장 천문 관측 기기의 역사

세계의 망원경

안녕, 하늘아. 난 '관측대장'이라고 해.

이름에서 알 수 있듯이 난 별을 관측하는 곳이면 어디든 달려 가지. 우리는 밤하늘의 별을 쉽게 볼 수 있어. 하지만 좀 더 자세히 관찰하고 싶다면 천체망원경이 꼭 필요해. 유명한 과학자 갈릴레이 알지? 바로 그 사람이 천체망원경을 발명했어. 하지만 망원경이라는 장비를 처음 만든 건 네덜란드의 안경업자 리퍼세이라는 사람이었어. 갈릴레이는 그 소식을 듣고는 직접 유리를 갈아 자기도 망원경을 만들어 봤지. 그리고 바로 하늘을 관찰했어. 그때부터 갈릴레이는 수많은 과학적 업적을 이룰 수 있었단다.

당시에 갈릴레이가 만든 천체망원경의 배율 거울, 망원경, 현미경 등으로 물체를 볼 때 렌즈에 비친 크기와 실제 크기를 비교한 것은 9배 정도였대. 그러니까 눈으로 보는 것보다 9배 정도 잘 보인 거지. 요즘과 비교하면 문방구에서 파는 가장 값싼 천체망원경보다도 성능이 좋지 못했어. 하지만 그 당시에는 어마어마한 발명이었단다. 아! 자기가 직접 만든 천체망원경으로 우주를 본다면 어떤 느낌이 들까? 그래서 나도 직접 유리를 갈아서 천체망원경을 만들어 보려고 했어. 어떻게 됐냐고? 뭐, 엄마한테 혼만…….

아무튼 천문학은 천체망원경과 함께 발전했어. 보통 망원경은 렌즈

가 클수록 멀리 보이기 때문에 유명한 천문대에는 대형 렌즈가 있는 아주 커다란 천체망원경이 있어. 망원경에는 볼록렌즈를 사용해 별빛을 모아서 보는 굴절망원경과 거울로 빛을 모아서 보는 반사망원경 그리고 우주의 전파를 모아서 별을 관측하는 전파망원경 등이 있단다.

오늘날 가장 큰 렌즈가 달린 망원경은 스페인 라팔마섬에 있는 카나리아 대형 망원경(GTC)이야. 지름이 무려 10.4m나 된대! 하지만 2025년이 되면 이 기록도 달라질 거야. 유럽 남방 천문대(ESO)가 칠레에 지름이 39.3m나 되는 아주 거대한 반사망원경 E-ELT를 만드는 중이거든. 그런데 정말 대단한 이야기는 지금부터야. 거대 망원경을 만드는 데는 돈이 어마어마하게 많이 필요하기 때문에 세계 여러 나라가 힘

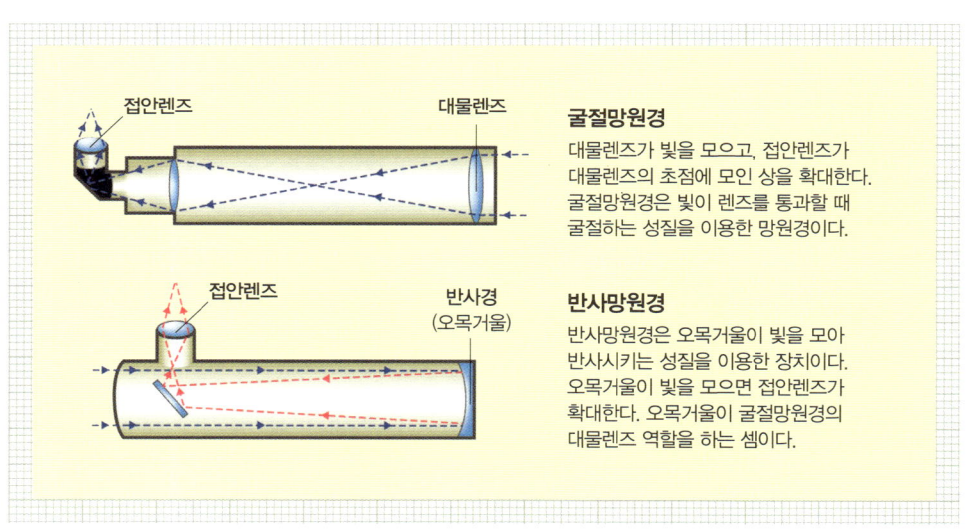

을 합친대. 그 나라들 가운데 우리나라도 있다는 말씀! 이제 얼마 후면 우리나라도 세계에서 가장 큰 망원경을 가진 나라 가운데 하나야!

수많은 나라들은 지금 이 순간에도 서로 경쟁하듯 대형 망원경을 만들고 있어. 여기서 잠깐! 세상에서 가장 유명한 망원경이 뭔 줄 아니? 바로 허블망원경이야. 허블은 별들이 점점 멀어진다는 사실을 증명한 천문학자야. 바로 그 사람의 이름을 붙인 망원경이란다.

전파망원경은 우주에서 들어오는 전파 신호를 받아들인다. 원리는 반사망원경과 비슷하지만 빛 대신 전파를 이용한다는 점이 다르다.

허블망원경은 반사경의 지름이 겨우 2.4m밖에 안 돼. 앞에서 말한 대형 망원경에 비하면 정말 작지. 하지만 세계의 어느 망원경보다도 더 선명하고 자세하게 별을 관찰할 수 있어. 어떻게 그럴 수 있냐고? 바로 허블망원경이 우주에 있기 때문이야! 지구에서 보는 별빛은 대기권 때문에 흐려지지만, 우주에서는 그럴 일이 전혀 없거든. 허블망원경 말고도 우주를 탐사하는 수많은 무인 우주선들 역시 우리에게 선명한 사진을 찍어서 보내 줘. 그런 사진들 덕분에 천문학자들뿐만 아니라 많은 사람들이 우주에서 무슨 일이 일어나는지 알 수 있어.

⭐ 프리즘을 비춰 별 속을 해부하다!

천체망원경이 발달하면서 사람들은 저 먼 우주의 별들까지 관측할 수 있게 됐어. 하지만 망원경으로도 별 속을 볼 수는 없었지. 그래서 옛날 사람들은 별에 대해 신기한 생각들을 많이 했어. 예를 들어, 태양이 빛나는 이유는 거대한 석탄으로 이루어져서 그렇다던가, 사실 태양 속은 서늘한데 표면 위의 구름이 빛나는 것뿐이라는 생각을 하기도 했지.

하지만 지금 우리는 태양이 무엇으로 이루어졌는지 잘 알고 있어. 태양뿐만 아니라 심지어 우리와 30만 광년 천체 사이의 거리를 나타내는 단위이나 떨어져 있는 별들의 구성 성분에 대해서도 잘 알지. 대체 어떻게 알 수 있는 걸까?

19세기경 독일에는 세계 최고의 유리 기술자이자 물리학자인 요제프 프라운호퍼라는 사람이 살았어. 바로 초대형 망원경을 만들어 태양계 행성 가운데 하나인 해왕성을 발견한 사람이지. 프라운호퍼가 만든 또 하나의 걸작은 바로 프리즘이야. 비가 온 뒤에 하늘에 무지개가 나타나는 걸 본 적 있지? 무지개는 공기 중에 맺힌 물방울에 햇빛이 닿아 여러 가지 색깔로 보이는 현상이야. 프리즘은 이런 자연 현상을 인공적으로 볼 수 있게 만든 삼각형 모양의 유리로 된 물체야.

1814년 프라운호퍼는 자기가 만든 프리즘으로 햇빛을 비춰 봤어. 그

▲프리즘은 색깔이 없는 햇빛을 일곱 빛깔 무지개로 나누어 보여 준다.

◀무지개는 태양과 반대쪽에 비가 올 경우, 그 물방울에 비친 햇빛이 물방울 안에서 반사·굴절되어 나타나는 현상이다.

런데 여러 가지 색깔 말고도 각각의 색깔 사이에 뭔가 검은 선이 보이지 뭐야! 프리즘이 잘못된 게 아닐까 몇 번이고 다시 관찰해 봐도 결과는 같았어. 더욱 놀라운 사실은 비교적 밝은 빛을 내는 별을 프리즘에 비춰 봐도 역시 검은 선이 생겼다는 거야. 사람들은 그 선을 프라운호프 선이라고 불렀지만, 정작 프라운호프는 왜 그런 현상이 일어나는지 평생 알지 못했어. 하지만 시간이 흐른 뒤 마침내 그 검은 선의 정체가 밝혀졌어. 그건 바로 별에 어떤 원소들이 있는지 알려 주는 선이었던 거야!

사람들은 태양의 프라운호프 선을 조사한 뒤, 태양에는 나트륨과 철을 비롯해 지구상에 존재하는 원소 대부분이 있다는 사실을 알 수 있었어. 그리고 그때까지 지구에서는 볼 수 없었던 새로운 원소도 발견했지. 그 원소가 바로 고대 태양신 헬리오스의 이름을 따서 지은 '태양의 원소' 헬륨이야. 물론 그 이후 지구에서도 아주 적은 양의 헬륨을 발견할 수 있었고, 요즘은 인공적으로 헬륨을 만들기도 해. 하지만 지구상에서 원소를 발견하기 전에 이름부터 먼저 지은 건 헬륨 하나뿐이야.

프라운호퍼 선으로 알 수 있는 게 또 하나 있어. 바로 별의 거리를 측정할 수 있단다. 물론 자세히 알기 위해서는 프리즘 대신 빛을 아주 미세하게 나눠 주는 분광기를 써야 하지만 말이야.

만약 수백, 수천 억 개의 별이 있는 은하가 1400억 개 정도 존재한다면, 별들을 맴도는 행성의 숫자는 아마 상상도 할 수 없을 만큼 많을 거야. 그리고 실제로 프라운호퍼 선을 이용해 조사한 결과, 태양과 비슷한 환경을 가진 별들이 수없이 많이 발견되었어. 이런 결과만 보더라도 우주에는 분명 우리 말고 누군가 꼭 살고 있을 것만 같아. 이건 그냥 상상이나 황당한 생각이 아니야. 천문학자들도 나와 비슷한 생각을 한다니까!

미국 나사(NASA)는 1977년에 태양계의 행성들을 조사하기 위해 무인 우주선 보이저 1호와 2호를 우주로 보냈어. 그 안에는 도금 처리된 동판 레코드가 들어 있었지. 레코드에는 세계 각 나라의 인사말이 녹음되었고, 우리나라도 젊은 여성의 목소리로 '안녕하세요'라고 녹음했어. 뿐만 아니라 클래식부터 아프리카 부족의 노래까지 다양한 종류의 음악

★ 관측대장의 발견 노트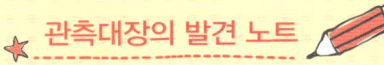

하와이와 칠레, 천문대의 양대 산맥!

'하와이'란 이름을 들으면 무엇이 떠오르나요? 아름다운 바다, 푸르른 야자수, 훌라 춤을 추는 사람들……. 이제 여기에 하나 더 포함시켜 주세요. 바로 천문대 말이에요!

하와이 마우나케아 산은 우주에 존재하는 별 가운데 95% 정도를 관측할 수 있는 곳이라고 해요. 그래서 나사(NASA)를 비롯해 캐나다, 프랑스, 영국, 러시아, 심지어 일본까지 이곳에 천문대를 세웠죠.

그리고 하와이에 뒤지지 않을 정도로 천체 관측을 하기 좋은 곳이 또 한군데 있어요. 바로 칠레의 안데스 산맥이에요. 특히 이곳은 1년에 300일 정도나 맑은 날이 계속된다고 하니 천체 관측을 하기에는 정말 최적의 조건이죠.

미국 하와이에 있는 마우나케아 천문대의 모습

과 새소리, 폭풍, 화산 소리 등 자연의 소리도 들어 있었지. 또한 도로와 풍경 사진 그리고 지구의 지식 수준을 증명할 수 있는 수학 및 과학 공식을 찍은 사진도 넣었어. 은하계 내 지구의 위치도 그려 넣고 말이야. 혹시 보이저 1호와 2호가 태양계 밖을 떠돌아다니다 우리와 비슷한 외계 생명체를 만나게 되면 그들에게 줄 선물이었던 셈이지.

해왕성을 지나 한 번도 닿은 적 없는 미지아직 알지 못함의 우주를 영원히 떠도는 보이저 1호와 2호. 그들이 하루라도 빨리 자신의 임무를 다하고 쉬었으면 좋겠어. 그리고 누군가를 만나서 우리의 소식도 들려주길!

★ 관측대장의 발견 노트

비상사태! 헬륨이 부족해!

'태양의 원소' 헬륨은 원래 지구상에서는 아주 발견하기 힘든 물질이었어요. 하지만 과학 기술이 발전하면서 인공적으로도 만들 수 있게 되었지요.

헬륨이 가장 필요한 곳은 바로 물질 연구소예요. 물질을 이루는 최소 단위를 원자라고 불러요. 하지만 원자는 거의 빛의 속도만큼 빠르게 움직여서 일반적으로 관찰하는 일이 거의 불가능해요. 그때 원자를 헬륨으로 감싸고 차갑게 식히면 절대 영도(−273.15℃)에 가깝게 온도가 내려가요. 절대영도에서는 모든 물질이 움직임을 멈춰요. 이렇게 원자를 얼려 멈추게 한 뒤 관찰하는 거죠. 또한 입자의 운동 모습을 연구하는 입자 가속기나 병원에서 검사를 할 때 쓰는 MRI(자기 공명 영상 장치) 같은 장비들을 만들 때도 헬륨이 필요해요.

그런데 전 세계적으로 조금씩 헬륨이 부족해지고 있어요. 바로 풍선 때문이지요. 예전에는 공기보다 가벼운 수소를 채워서 풍선을 띄웠어요. 하지만 수소는 불과 만나면 폭발하는 무서운 특성이 있기 때문에 보다 안전한 헬륨을 대신 사용하게 되었죠. 그 결과 파티용 풍선을 만드는 데 어마어마한 양의 헬륨이 쓰이고 있어요. 어떤 과학자들은 이런 현상을 막기 위해 헬륨 가격을 올려야 한다고 말해요. 헬륨이 가진 과학적 가치에 비해 가격이 너무 싸서 이런 사태가 벌어진다는 거죠.

혹시 앞으로 친구들과 파티할 일이 있다면, 풍선을 적게 사용하거나 다른 방법으로 예쁘게 장식해 보는 건 어떨까요?

우리나라 천문 관측 기기의 역사

그런데 우리나라에서도 아주 옛날부터 하늘을 관측했다는 걸 알고 있니? 그것도 망원경 없이 말이야! 먼 옛날에는 지금처럼 인공적인 불빛이 없었고 대기도 맑아서 맨눈으로 천체 관측을 할 수 있었어.

우리나라 사람들은 먼 옛날 고조선 때부터 밤하늘을 관측했어. 농사를 지으려면 계절의 변화를 알아야 했거든. 밤하늘에 떠 있는 별자리를 관찰하면 계절의 변화를 짐작할 수 있었지. 그럼 고조선 때부터 천체 관측을 했다는 사실을 어떻게 알 수 있었을까?

1978년 충북 청원군 문의면 가호리 아득이 마을(헉헉, 이름 정말 기네!)에서 고조선 시대의 고인돌 유적이 발굴되었어. 청동기 조각과 토기들이 발견되었는데 그 가운데 얇은 돌 판도 있었단다. 그 돌 판에는 작은 홈이 65개나 파여 있었어. 사람들은 그 홈을 조사했고, 이럴 수가! 그건 바로 고조선 시대의 별자리를 그려 놓은 천문도였지 뭐야!

1978년 충북 청원군에서 고인돌 유적이 발견되었다. 그곳에서 3m 정도 떨어진 땅속에서 구멍이 뚫린 돌 판이 발견되었는데 이 구멍들은 별자리로 밝혀졌다.

까만 우주 속 작은 별

　그 돌 판에는 북두칠성을 비롯해서 작은곰자리, 용자리, 케페우스자리 등 지금도 관측할 수 있는 별자리들이 새겨져 있었어. 이 정도면 세계에서 가장 오래된 천문도라고 해도 손색이 없을 거야.

　그 이후로도 우리나라의 천문 관측 역사는 계속되었어. 삼국 시대에는 여러 개의 천문대도 세워졌단다. 하늘이 너도 첨성대에 대해 들어 본 적이 있지? 신라 시대 선덕여왕 때 만들어진 첨성대는 전 세계적으로 가장 오래된 천문 관측기구야. 게다가 첨성대 안에는 엄청난 비밀이 숨어 있어! 첨성대는 맨 아래부터 위까지 모두 29단으로 되어 있는데 바로 음력의 한 달 날짜와 똑같아. 그리고 돌들의 총 개수 역시 1년을 나타내는 365일과 거의 비슷하다고 해. 어때? 신라 시대의 과학 기술이 얼마나 발전했는지 알 수 있지?

고구려 역시 천문 관측에 많은 힘을 쏟았어. 고구려 시대의 고분고대에 만든 무덤인 무용총의 벽화에는 별자리가 함께 그려져 있어. 그리고 강화도 마니산에 있는 참성단도 그때 세워졌단다. 조선 시대의 『세종실록지리지』를 보면 고구려 시대에 세워진 첨성대의 터를 발견했다는 기록도 나와 있어.

조선 시대 세종 16년(1434년) 경복궁에는 대간의대라는 천문대가 있었어. 하지만 임진왜란 때 부서져 아쉽게도 지금은 볼 수 없단다. 세종 때에는 또 다른 천문대인 소간의대가 만들어졌고, 숙종 14년(1688년)에는 소간의대를 참고해서 천체의 위치를 관측하는 관

경상북도 경주시에 위치한 첨성대는 1962년 12월 20일 국보 제31호로 지정되었다.

천대를 만들었는데 현재 창경궁에 가면 볼 수 있지.

 이처럼 우리나라는 옛날부터 아주 열심히 밤하늘을 관찰했어. 김부식이 쓴 『삼국사기』에 가장 많이 나오는 내용 가운데 하나가 바로 혜성, 일식, 월식 등을 관측한 이야기들이야. 당시 이러한 천문 현상은 나라에 아주 중요한 일이 일어날 것이라고 알려 주는 신호로 여겨졌거든. 게다가 계산도 무척 정확했단다. 『삼국사기』에 나온 일식과 월식이 일어난 날짜를 지금의 컴퓨터로 계산해 봐도 무려 80%가 넘게 일치한다지 뭐야. 중국의 기록이 약 70% 정도 정확하다는 걸 생각하면 아주 놀라운 숫자지.

천체의 위치를 측정하는 소간의. 천문 관측기구인 간의를 간결하게 만든 것이다. 사진에 나오는 소간의는 충북대 천문우주학과 이용삼 교수가 복원한 것으로 현재 여주 영릉에 있다.

천문 관측 기기의 역사

세종대왕 때의
대표적인 천문 관측기구인 간의.
7m 높이의 간의대 위에 설치됐다.

　그럼 한 가지 더 놀라운 사실을 알려 줄까? 흔히 1611년에 갈릴레이가 태양의 흑점을 처음 발견했다고 알려져 있어. 그런데 고려 시대의 역사서 『고려사』를 보면 이미 1024~1383년까지 모두 34회에 걸쳐 태양의 흑점을 관측했다는 기록이 나와 있어. 그 당시에는 검은색 수정을 통해 흑점을 관측했다고 해. 당시 기록을 보면 흑점이 11년 주기로 보인다고 나와 있는데, 최근까지 태양의 흑점이 나타나는 평균 시기와 정확히 일치한다니까!

　조선 시대는 천문 관측기구들을 만들기 위해 가장 많이 노력한 시대야. 특히 세종대왕이 이루어 낸 업적은 놀랄 만하지. 가장 유명한 발명품 가운데 하나가 바로 기후를 예측할 수 있는 혼천의야. 이 기구는 중국 고대에도 많이 만들어졌지만, 측정할 때마다 수동으로 작동시켜야 했지. 하지만 세종대왕 때 만들어진 혼천의는 자동 기계 장치였단다. 또한 조선 시대 밤하늘의 별자리를 모두 그려 넣은 천문도 '천상열차분야지도'는 지금 봐도 정말 아름다워. 이 두 가지 발명품은 마음만 먹으면 아주 쉽게 볼 수 있단다. 바로 만 원짜리 지폐를 보면 되지! 지폐 뒷

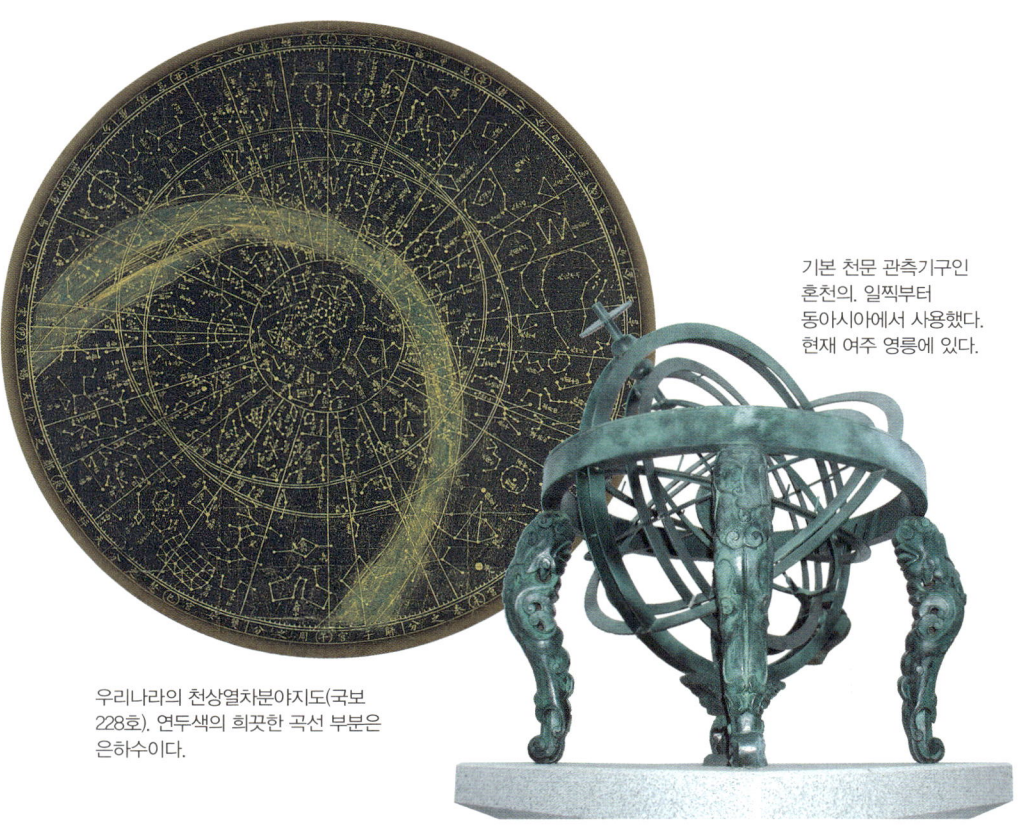

우리나라의 천상열차분야지도(국보 228호). 연두색의 희끗한 곡선 부분은 은하수이다.

기본 천문 관측기구인 혼천의. 일찍부터 동아시아에서 사용했다. 현재 여주 영릉에 있다.

우리나라 전통 해시계의 대표격인 앙부일구. 한국천문연구원에 가면 볼 수 있다.

면을 보면 동그란 기구가 하나 있고, 그 뒤로 별자리들이 그려진 그림이 보일 거야. 바로 그게 혼천의와 천상열차분야지도란다.

이외에도 조선 시대에 만들어진 천문 관측기구는 무척 많아. 실내에서도 천체의 위치를 관측하기 위해 혼천의를 간편하게 만든 간의, 태양의 움직임으로 시간을 알 수 있는 해시계의 일종인 앙부일구 등 놀라운 발명품들이 가득하단다.

★ 관측대장의 발견 노트

윷놀이 속에 숨겨진 천문학의 비밀

우리나라 사람들은 명절이 되면 가족들과 함께 전통 놀이의 하나인 윷놀이를 해요. 그런데 윷놀이가 천문학의 원리로 만들어졌다는 사실을 알고 있나요?

네모난 윷놀이 판에 있는 원의 수는 모두 29개예요. 한가운데 있는 큰 원을 뺀 나머지 28개의 원은 바로 우리나라의 28가지 별자리를 가리켜요. 그렇다면 가운데 있는 큰 원은? 바로 북극성이에요.

이렇게 윷놀이는 북극성을 중심으로 움직이는 28가지 별자리를 본떠 봄, 여름, 가을, 겨울 사계절 여행을 하는 천문학 놀이랍니다. 전통 놀이 하나에도 천문학을 담은 걸 보면 우리 선조들은 별들을 정말 정말 사랑했나 봐요.

댓글 3개 | 등록순▾ | 조회수 41

 하늘 전 세계적으로 천문 관측 기기들이 아주 많구나! 나도 빨리 관측 해보고 싶어!

└ **별할머니** 이상하네. 난 별들이 다 똑같아 보이던데…….

└ **루나** 이런, 이런, 별의 종류가 얼마나 많은데! 다 같은 게 아니라고. 이제 내가 나설 차례군!

댓글입력

한눈에 보는 망원경의 역사

1608년
망원경의 시작
네덜란드의 안경 제조업자인 리프세이의 두 아들은 우연히 두 개의 렌즈를 적당한 간격으로 두고 멀리 있는 물체를 보면 크게 볼 수 있다는 사실을 발견하였다. 이들은 그 기구를 오페라 감상용으로 사용하려고 했다.

1609년
갈릴레이의 망원경
갈릴레이는 볼록렌즈와 오목렌즈를 조합하여 9배 배율의 망원경을 만들었다. 그리고 목성, 금성, 달 등을 관찰하여 인류 최초로 망원경을 이용해 천체를 관측한 사람이 되었다. 그 후 그는 배율 20배의 망원경을 만들어 달의 표면이 울퉁불퉁하다는 것과 목성 주위에 네 개의 위성이 돌고 있다는 것 그리고 태양 표면에 흑점이 있다는 사실 등을 발견하였다.

1672년
뉴턴의 반사망원경
갈릴레이가 발명한 굴절망원경은 빛의 색깔마다 굴절하는 정도가 달라 상이 뚜렷하게 보이지 않는 단점이 있었다. 뉴턴은 이러한 단점을 보완하기 위해 빛을 굴절시키지 않는 망원경을 연구하였다. 뉴턴은 빛의 반사를 이용한 망원경을 생각하였고, 청동을 갈아 만든 2.5㎝의 오목거울과 평면거울을 사용하여 길이 15㎝의 반사망원경을 만들었다.

1774년
허셜의 망원경
독일에서 태어난 허셜은 영국으로 이주하여 자신이 만든 반사망원경으로 천왕성을 발견하였다. 망원경 지름이 1.2m에 달했던 허셜의 망원경은 오랫동안 세계 1위 천체망원경의 자리를 지켰다.

1937년   그로트 레버의 전파망원경
미국의 그로트 레버는 천체 또는 우주 공간으로부터 오는 전파를 받아 별을 관측하는 장치를 만들었다. 이 망원경은 광학망원경으로는 볼 수 없는 우주의 모습까지 측정할 수 있었다.

1990년   허블우주망원경
1990년 4월 허블우주망원경이 우주왕복선 디스커버리호에 실렸다. 그리고 땅 위 610㎞ 정도 되는 궤도에 진입하여 우주 관측을 시작하였다. 허블우주망원경은 반사경의 지름이 2.5m에 불과하지만 우주에서는 대기의 방해가 없었기 때문에 지구에 있는 고성능 망원경들보다 50배 이상 미세한 부분까지 관찰할 수 있다. 발사한 지 30년이 지났지만 여러 차례의 보수 작업 덕분에 2021년까지 사용이 가능하다.

2009년   카나리아 대형 망원경(GTC)
스페인 카나리아 제도에 설치된 세계에서 가장 큰 광학망원경으로 반사경의 지름이 10.4m, 빛을 모으는 면적은 78.54㎡에 달한다. 거울의 크기가 커지면 빛을 많이 모을 수 있기 때문에 더 어둡고 더 먼 천체까지 관측할 수 있다. GTC는 우주 끝의 80%까지 볼 수 있다.

제임스 웹 망원경
허블우주망원경을 대신하기 위해 개발된 망원경으로 반사경이 하나 더 추가되어 지름이 6.5m로 늘어났고 적외선을 관측할 수 있어 더 넓고 먼 영역을 볼 수 있다. 2019년에 조립이 완료되었지만 현재 코로나19의 영향으로 발사가 무기한 연기되었다.

E-ELT(유럽 초대형 망원경)
칠레에서 2014년 공사가 시작되어 2025년 완공 예정인 이 망원경은 반사경 지름이 39.3m인 초대형 망원경으로 빛을 모으는 공간의 면적만 978㎡에 달할 예정이다. 이 외에도 미국 하와이에 30m 지름의 TMT와 칠레에 25m 지름의 거대 마젤란 망원경(GMT)이 각각 공사 중인데 GMT 제작에는 우리나라도 참여하고 있다.

앗, UFO(유에프오)다!

2012년 8월 6일, 미국 나사(NASA)의 탐사 로봇 큐리오시티가 마침내 화성에 첫발을 내딛었다. 2011년 11월 지구에서 발사된 이후 약 9개월 만의 일이었다. 큐리오시티는 착륙 직후 화성의 모습이 담긴 흑백 사진을 지구로 보내왔고, 레이저로 암석을 뚫어 그 성분을 조사하는 등 생명체의 흔적을 찾는 일을 하고 있다. 과연 지구인 말고 다른 생명체가 우주에 살고 있을까?

아주 오래전부터 인간 이외의 생명체가 우주에 존재하는지는 끊임없는 논란거리였다. 어떤 사람들은 실제로 목격했다고 주장하기도 하고, 또 어떤 사람들은 영화 속 ET(The Extra Terrestrial의 줄임말, 지구 밖의 생명체 즉 외계인을 일컫는다)처럼 인간이 만들어 낸 상상일 뿐이라고 여기기도 한다.

하지만 1947년 6월 미국의 한 민간 비행사가 날아다니는 물체를 발견했다고 보고한 이후, 우리나라를 포함한 세계 각지에서 정체불명의 비행 물체가 목격되었다. 이런 비행체를 UFO(Unidentified Flying Object), 즉 미확인 비행 물체라고 부르는데 보통 접시 모양으로 생긴 경우가 많아서 비행접시라고도 말한다. 하지만 한편에서는 외계의 비행접시가 아니라 유성이나 구름에 비친 빛, 또는 어떤 나라의 비밀 무기 등을 오해했을 것이라고 말하기도 한다.

이와 비슷한 예로 '마파라이트'에 대한 논란도 있다. 마파라이트는 미국의 텍사스 주 마파 시에 나타나는 정체불명의 빛을 말한다. 이 빛은 하나 또는 무리의 모습을 하고 굉장히 자주 나타나는데 이 빛을 보기 위해 관광객들이 몰릴 정도로 유명하다. 과학자들이 계속해서 연구하고 있지만 이 빛이 정말로 UFO인지, 아니면 일부에서 주장하듯이 원주민들의 영혼인지, 또는 누군가 몰래 개발하는 비밀 무기인지는 아직 아무도 알지 못한다. 영국의 유명한 천문학자 스티븐 호킹 박사는 이렇게 말했다. "외계인들이 지구를 방문한다면 콜럼버스가 아메리카 대륙을 발견했을 때와 비슷한 일이 일어날 수 있다. 결과적으로 아메리카 원주민들이 피해를 입은 것처럼 말이다." 또한 유명한 천체 물리학자인 옥스퍼드대학교의 버넬 교수 역시 이와 비슷한 주장을 한다. "21세기 안에 외계인과 만날 가능성이 높다. 만약 외계인의 메시지를 받는다면 우리의 존재를 알려야 할까? 외계인과의 만남이 좋으리라는 보장이 없다. 따라서 외계인과의 만남은 할리우드가 아닌 정부 차원에서 준비해야 할 때가 됐다."

1962년 미국 뉴저지 주에서 발견된 UFO를 찍은 사진. 지금까지 수많은 UFO 사진이 등장했지만 조작이라는 논란도 많다.

이 두 사람의 예상대로 언젠가 외계인을 만날 수도 있을 것이다. 또한 그 결과는 좋을 수도, 나쁠 수도 있다. 반면에 처음 비행체가 목격된 이후 아직까지 별다른 증거가 나타나지 않는 것을 보면 외계 생명체가 있을지 의심이 드는 것 또한 사실이다.

UFO나 ET가 아직까지 과학적으로 증명되지 않았기 때문에 이러한 논란은 앞으로도 계속될 것이다. 하지만 이렇게 광활한 우주에 정말 우리밖에 없을까? 어쩌면 저 머나먼 우주 작은 별에 사는 한 친구가 지구를 바라보며 "대체 저 외계인들은 어떻게 살까?"라고 궁금해 하고 있을지도 모르는 일이다.

# 하늘을 사랑한 우리 민족

우리나라는 옛날부터 하늘을 관측해 왔어. 우리 조상이 얼마나 하늘에 관심이 많았는지는 남아 있는 유물을 보면 알 수 있지. 아래 사진과 설명을 보고 어느 시대에 만든 관측 기기인지 한번 알아볼까?

❶	❷	❸	❹
고조선 시대에 만들어졌어. 돌 판에 별자리를 새겨 놓은 천문도야.	천상열차분야지도는 조선 시대 밤하늘의 별자리를 모두 그려 넣은 천문도야.	조선 시대 세종대왕 때 만들어진 소간의로 천체의 위치를 측정할 수 있어.	신라 시대 선덕여왕 때 만들어진 첨성대는 전 세계적으로 가장 오래된 천문 관측기구야.

 ㄱ
 ㄴ
 ㄷ
 ㄹ

ㄱ←ㄴ←ㄷ
ㄹ←ㄷ←ㄱ←ㄴ 정답

달에는 정말 토끼가 살까?

안녕, 난 루나라고 해.

내가 말했듯이 별들은 다 똑같은 게 아니야. 저마다 이름도 다르고, 빛의 세기도 다르고, 생김새도 다 달라. 또 혼자 떠 있기도 하지만 여러 별들이 모여서 살기도 해. 보통 하늘에 떠 있는 걸 모두 별이라고 부르는데 하늘에는 별도 있고, 행성이나 위성도 있어.

지구와 가장 가까운 천체는 바로 달이란다.

우리에게 달이 없다면 밤하늘은 얼마나 심심할까? 난 정말 상상도 하기 싫어. 달은 언제 어디서나 밤하늘을 밝게 비춰 주면서도, 시시각각 모양을 변화시키는 신비로운 존재지. 옛날 사람들은 해가 지고 달이 뜨는 걸 보면서 둘 사이에 분명 어떤 관계가 있다고 생각했어. 그래서 고대 설화를 보면 해와 달이 남매로 나오는 경우가 많단다.

달은 과학적으로 봐도 신비한 천체이야. 일단 크기가 정말 커! 목성이나 토성의 위성과 비교해도 절대 지지 않을 정도야. 그리고 지구와 38만㎞ 정도 떨어져 있는데 크기에 비해서 굉장히 가까운 편이지. 그리고 달은 공전주기와 자전주기가 같아서 우리는 달의 한쪽 모습밖에 볼 수 없어. 1959년 소련(옛 러시아)에서 무인 우주선 루나 2호를 쏘아 올렸고, 그때서야 달의 뒷면을 촬영할 수 있었지.

하지만 뭐니 뭐니 해도 달이 우리에게 보여 주는 가장 신비한 천문 현상은 바로 일식과 월식이야. 일식은 달이 태양을 가리는 현상이고, 월식은 달이 지구의 그림자에 가려지는 걸 말해. 옛날 사람들은 나라에 안 좋은 일이 일어날 징조라고 생각해서 두려워했지만, 지금은 모두 보고 싶어 하는 신비한 천문 현상이란다. 두 가지 현상은 모두 달이 지금보다 멀리 떨어져 있거나 크기가 작았다면 볼 수 없었을 거야. 그야말로 우연히 만들어진 놀라운 선물이지.

1969년 7월 20일, 미국의 우주선 아폴로 11호가 달에 도착했어. 그리고 닐 암스트롱이 인류 최초로 달에 발을 딛었지. 우주인들은 여러 가지 조사를 했고 많은 사실들이 밝혀졌어. 17세기의 천문학자들이 달의 '바다'라고 생각했던 곳은 사실 오래전 뿜어져 나온 용암이 식은 자국이었어. 오히려 바다 대신 모래가 많았는데, 달 전체가 유성지구의 대

<u>기권 안으로 들어와 빛을 내며 떨어지는 작은 물체</u>이 조각 날 때 생긴 모래 먼지로 뒤덮여 있었다고 해. 암스트롱과 동료 우주인들은 달 곳곳에 크레이터 <u>crater, 유성이 떨어져 생긴 자국</u>가 있는 걸 발견했어. 과연 그런 곳에 생명체가 살 수 있을까? 실제로 닐 암스트롱과 동료 우주인들이 4일 동안 달 곳곳을 조사했지만 어떤 생명체도 나타나지 않았단다.

하지만 지금도 많은 소문들이 떠돌고 있어. 아폴로 11호가 달에 착륙했다는 사실이 거짓이라거나 달에는 외계인이 산다는 이야기들이 있단다. 1999년 미국에서 실시한 여론 조사에 따르면, 미국 국민의 6%에 해당하는 1200만 명 정도의 사람들이 '달 착륙은 조작이다'라고 생각한대.

하늘아, 넌 어떻게 생각해? 난 만약 달에 가게 된다면 그냥 토끼가 날 반겨 줬으면 좋겠어, 헤헤!

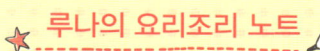 루나의 요리조리 노트

일식과 월식

일식과 월식은 태양 주위를 지구가 돌고, 지구 주위를 달이 돌기 때문에 일어나는 현상이에요. 태양과 지구, 달이 서로 주위를 돌다 보면 '태양-달-지구' 이렇게 일직선으로 위치하는 순간이 있는데 이때 달이 태양을 가리게 돼 일식이 일어나는 거지요.

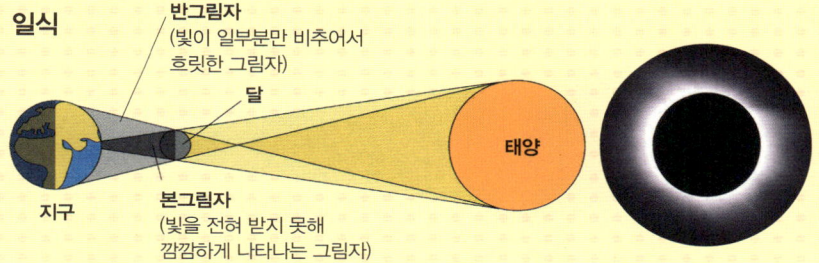

월식은 반대로 '태양-지구-달' 순서로 위치해 지구가 햇빛을 가려 달이 보이지 않게 되는 것이죠. 한반도에서 볼 수 있는 다음 개기일식은 2035년 9월 2일로 북한의 평양 쪽에서만 볼 수 있다고 해요. 통일이 되어 남북한의 친구들이 함께 볼 수 있으면 정말 좋겠어요!

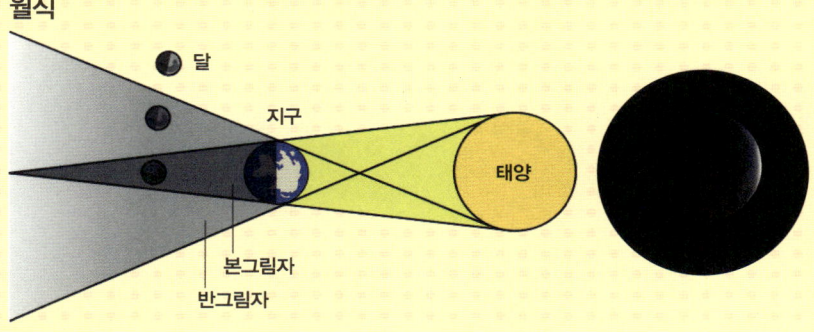

⭐ 밤하늘을 흐르는 강, 은하수

내가 앞에서 말했듯이 별들은 모여 살기도 해. 바로 은하수가 대표적인 예란다. 맑은 여름밤에 하늘을 보면 커다란 빛의 강, 은하수를 볼 수 있어. 사람들은 옛날부터 그 정체를 궁금해 했단다. 우리나라 사람들은 그 강을 '미리내'라고 불렀어. '미르'는 용을 가리키는 순우리말이고, '내'는 작은 강을 뜻해. 즉, 용이 빛의 강을 지난다고 생각한 거지. 그리고 견우직녀 이야기에도 은하수가 나와. 서로 떨어져 살게 된 견우와 직녀를 만나게 해 주기 위해 까마귀와 까치가 오작교를 만들잖아? 그 오작교 아래로 흐르는 강이 바로 은하수란다.

　서양 사람들은 그 강을 밀키웨이(Milky way), 즉 '우유가 흐르는 길'이라고 불렀어. 그리스 신화에 나오는 영웅 헤라클레스의 이야기에서 나온 말이란다. 어느 날 제우스는 잠이 든 헤라 몰래 아기 헤라클레스에게 젖을 먹이려고 했어. 그런데 헤라클레스의 힘이 너무 세서 헤라가 잠에서 깨고 말았지. 헤라는 억지로 아기를 떼어 놓으려다 젖이 하늘로 뿜어져 그대로 길이 되었다고 해. 이렇게 은하수에 얽힌 아름다운 이야기들이 많지만 이제 사람들은 수많은 별들이 모여 은하수를 만든다는 사실을 알고 있어. 바로 천체망원경 덕분이란다.

　하지만 천체망원경으로도 알 수 없는 사실이 하나 있었어. 도대체 왜 그 수많은 별들이 강물이 흐르듯 한 줄로 모여 있는 걸까? 과학자들이 오

랫동안 연구한 결과, 은하수가 은하계의 한 부분이라는 사실을 밝혀냈지. 혹시 은하(또는 은하계)의 과학적인 뜻을 정확히 알고 있니?

 빅뱅 이후 약 30만 년 동안 우주에는 별이 없었다고 해. 그때를 '암흑의 시대(다크 에이지, Dark age)'라고 말해. 그러다가 거대한 성운들이 천천히 서로를 끌어당기기 시작했어. 바로 중력 때문이었지. 성운들의 크기는 상상을 초월할 정도였어. 우리 태양계가 만들어질 때 모인 성운의 지름은 무려 32조㎞, 다시 말해서 빛의 속도로 달려도 한쪽에서 반대쪽 끝까지 가는 데만 3년 정도가 걸릴 만한 크기였단다. 그런데 빅뱅

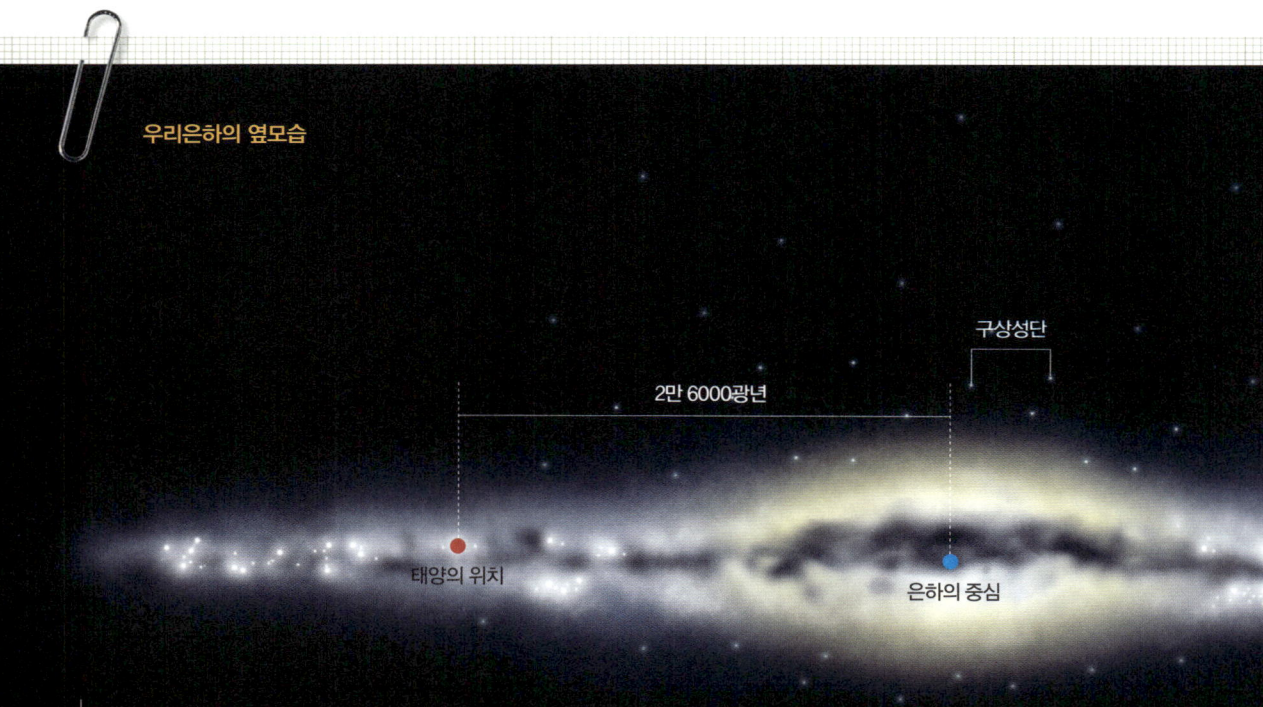

우리은하의 옆모습

구상성단

2만 6000광년

태양의 위치

은하의 중심

10만 광년

이후 처음 생겨난 성운은 그것보다 훨씬, 훠어어어얼씬 더 컸어.

이렇게 모인 성운은 주변에 있는 것들을 모조리 끌어당기며 서서히 회전하기 시작했어. 속도가 빨라질수록 모양은 점점 납작해졌지. 그러던 어느 순간 압력이 최고로 높아졌을 때 중심이 폭발하고 말았어. 그러자 드디어 수많은 천체가 모여 있는 은하가 생겼지. 이 과정, 어디서 들어 봤던 것 같지 않니? 맞아! 바로 별의 탄생과 비슷해. 하지만 은하의 탄생은 그 규모가 달라. 한순간의 폭발로 수천 억 개의 별들을 만들 정도로 어마어마하거든. 우리은하만 해도 2000~4000억 개의 별이 있다고 해. 크기는 약 10만 광년 정도 되고 말이야. 햇빛이 출발해서 태양계 끝에 있는 해왕성까지 닿는 데 하루 정도 걸린다고 하는데, 무려 10만 년을 달려야 하는 크기라니! 정말 상상도 할 수 없을 정도의 크기란다. 그에 비하면 태양계는 한없이 펼쳐진 모래밭에 있는 모래 한 알 정도의 크기밖에 안 되는 거지. 정말 우주는 어디까지 뻗어 있는 걸까?

정면 모습

6000 광년

아, 맞다! 은하수가 왜 한 줄로 모여 있는지 말해야 하지! 내가 이미 말한 내용 중에 힌트가 있는데 혹시 알아차렸니? 성운의 회전 속도가 빨라질수록 모양이 점점 납작해진다고 했잖아? 그럼 그 모습을 위에서 보면 넓게 퍼져 있을 테고, 옆에서 본다면 아마 얇은 줄처럼 보일 거야. 우리가 보는 은하수는 바로 은하를 옆에서 본 모양이란다.

은하 한가운데를 '중심핵 원반'이라고 불러. 거대한 가스 구름들이 원반 모습을 하고 있지. 이 가스로부터 은하가 생겨났는데 지금도 젊은 별들이 태어나고 있단다.

중심핵 근처에는 주로 나이 든 별들이 모여 있어. 이를 가리켜 '구상 성단'이라고 부르는데, 우주와 은하의 나이를 알 수 있는 중요한 자료란다. 우리은하에는 약 100개 정도의 구상 성단이 있다고 해.

기다란 별의 무리는 한가운데에서 차츰차츰 퍼져 나가 휘어진 나선 모양을 만들기 때문에 '나선팔'이라고 불러. 이 나선팔 안에는 수십에서 수백 개의 젊은 별들이 불규칙하게 퍼져 무리를 이루고 있어. 이것을 '산개 성단'이라고 불러.

은하의 나선팔 사이에는 별이 보이지 않는 어둠도 존재해. 그런데 신기한 건 어두운 부분이 비어 있는 것이 아니라 검은 물질로 가득 차 있다는 거야! 이를 '암흑 물질'이라고 불러. 이름만 들어도 무시무시하지? 아직까지 암흑 물질이 무엇으로 이루어졌는지는 밝혀지지 않았어. 천문

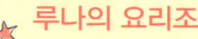

은하계 완전 해부!

은하는 생긴 모양에 따라 타원은하, 나선은하 그리고 막대나선은하로 나뉘어요. 이외에 딱히 어느 쪽에도 속하지 않는 불규칙은하, 은하라고 보기에는 조금 작은 왜소은하도 있어요. 우리은하는 나선은하에 속하는데, 그 가운데에서도 막대나선은하로 분류돼요.

타원은하(E)는 편평한 정도에 따라 E0~E7로 분류하고, 나선은하(S)와 막대나선은하(SB)는 나선팔이 휘감긴 정도에 따라 a, b, c의 세 가지 형으로 구분해요.

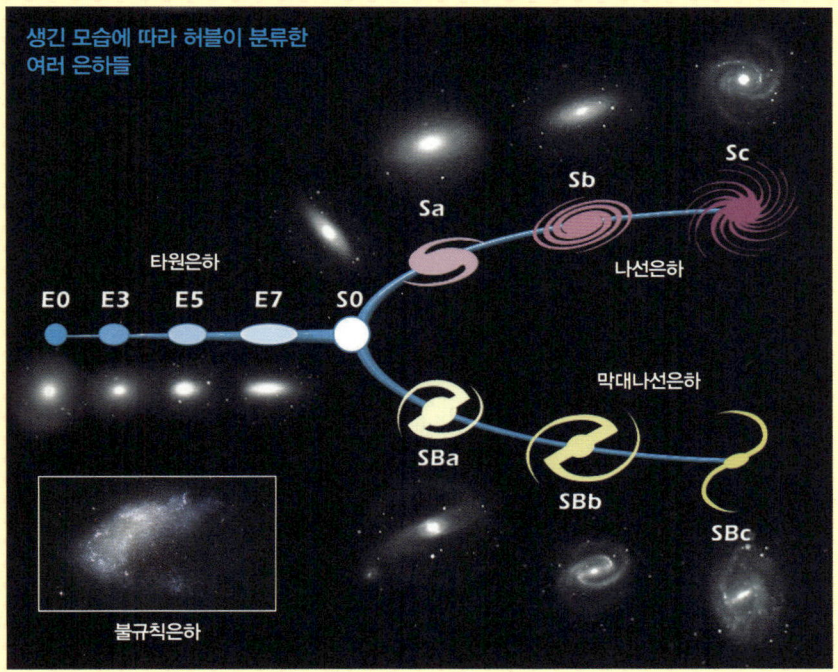

생긴 모습에 따라 허블이 분류한 여러 은하들

학자들은 암흑 물질을 분석할 수 있다면 빅뱅을 비롯한 우주의 신비가 풀릴 것이라고 기대하고 있단다.

　우리가 사는 태양계가 은하의 한 부분이라는 걸 알아낸 사람은 300여 년 전의 천문학자 프레드릭 허셜이야. 바로 천왕성을 발견한 사람이지. 그 이후 20세기 초까지 사람들은 은하가 하나밖에 없는 줄 알았어. 은하가 곧 우주라고 생각한 거지. 그런데 종종 별들 사이로 희미하게 반짝이는 구름들이 보였어. 그 구름이 무엇인지는 아무도 몰랐지. 사람들은 대부분 은하의 한 부분인 가스 구름이라고 생각했어. 하지만 미국의 천문학자 허블만은 달랐어. 그는 그 구름을 계속 관찰했고, 결국 그 구름이 별들로 가득한 또 다른 은하라는 사실을 밝혀냈단다.

　그 후 과학자들이 연구한 결과에 따르면, 우주에 존재하는 은하는 모두 1400억 개나 된다고 해. 우리가 종종 이야기하는 안드로메다 역시 외부 은하 가운데 하나야. 우리은하와 비슷한 데다 가장 가깝게 마주하고 있기 때문에 많은 천문학자들이 연구하고 있단다. 얼마나 가깝냐고? 그게, 한 200만 광년 정도밖에 안 돼, 히힛!

하늘에는 우리도 있다!

보통 별자리는 맨눈으로 보았을 때 가장 아름다워. 하지만 천체망원경으로 봤을 때 그 아름다움을 드러내는 것들도 있지. 바로 가스 구름인 성운과 별 모임인 성단이야. 대표적인 게성운이나 염소자리 구상 성단 등을 천체망원경으로 볼 때면 시간 가는 줄 모른다고!

나사(NASA)의 허블우주망원경으로 찍은 게성운

가장 밝은 구상 성단인 오메가 성단은 천체망원경 없이 맨눈으로도 관찰이 가능하다.

긴 얼음꼬리를 빛내며 하늘을 가로지는 혜성 역시 아름답기로는 둘째가라면 서러워. 옛날에는 나라에 좋지 않은 일이 생길 징조라고 해서 두려워했지만, 요즘은 언제 오나 기다리는 사람들이 있을 정도라니까. 가끔 혜성과 유성을 헷갈려 하는 사람이 있는데 여기서 확실히 알려 줄게.

혜성은 얼음으로 되어 있고, 태양의 중력에 이끌려 긴 포물선 궤도를 그리며 움직여. 가장 유명한 혜성인 핼리혜성은 약 75년마다 한 번씩 지구 근처를 지나가는데, 혜성 치고는 굉장히 빠른 주기에 속해. 다른 혜성들은 몇 천 년에 한 번씩 나타나기도 하거든. 핼리혜성이 마지막으로 지나간 때는 1986년이고, 따라서 2061년 여름쯤이면 다시 볼 수 있어.

유성은 순우리말로 별똥별이라고 불러. 종종 우주를 떠돌던 먼지나

혜성(왼쪽)과 유성(오른쪽)
혜성은 꼬리가 길고 태양계 안에서 태양 둘레를 돌며 움직인다. 유성은 별똥별이라고도 불린다. 우주 공간에 떠돌아다니는 우주 먼지가 지구의 중력에 잡혀 지구 대기권으로 들어왔을 때 엄청난 속도로 불타오르며 떨어지는 것을 말한다.

암석들이 지구의 중력에 이끌려 다가오는 경우가 있는데, 그때 대기권과 마찰을 일으켜 불타올라 빛을 내는 것이 바로 유성이야. 가끔 '유성 쇼'가 펼쳐지기도 하는데, 혜성에서 떨어져 나온 먼지 입자들이 지구를 향해 날아오는 걸 말해. 물론 비가 쏟아지듯 내리는 유성을 기대했다가 실망하는 경우가 많지만, 별똥별이 떨어질 때 소원을 빌기 위해 기다리는 것도 무척 신 나는 일이란다!

댓글 6개 | 등록순˘ | 조회수 30

하늘 우와, 우주에 대해 알면 알수록 나도 우주에 나가 보고 싶다!

ㄴ **메시에** 그래? 그렇다면 우주로 나갈 기회를 잡아 보는 건 어때?

ㄴ **하늘** 네? 그게 무슨 말이죠?

ㄴ **코스모스** 앗, 메시에 아저씨다. 그럼 벌써 그때가 된 거구나!

ㄴ **하늘** 그때라니? 다들 무슨 소리를 하는 거야?

ㄴ **메시에** 하하, 날 모르는 걸 보니 신입 대원인가 보구나. 좋아, 그럼 신입 대원들을 위해 준비한 걸 보여 줄게. 잠시만 기다리렴!

댓글입력

태양
태양계의 중심을 이루는 별이다. 스스로 빛과 열을 내며 내부 온도는 1000만℃에 이른다. 태양의 반지름은 약 70만km로 지구의 약 109배이다.

소행성대
화성과 목성 사이에는 작은 소행성들이 무수히 떠다니고 있다. 소행성은 발견한 사람이 이름을 붙일 수 있다. 1998년 한국아마추어천문학회 이태형 사무국장이 우리나라 최초로 소행성을 발견하여 '통일'이라고 이름을 붙였다.

수성
공전주기는 약 88일이고 자전주기는 약 59일이다. 크기는 태양계에서 제일 작다(지구의 4분의 1가량). 낮에는 온도가 500℃까지 올라가지만 밤에는 영하 150℃까지 내려간다.

금성
공전주기는 약 225일이고 자전주기는 약 243일이다. 크기는 지구보다 약간 작다. '샛별'이라고도 불리며 하늘에서 달 다음으로 밝게 보인다. 그래서 밤에 유목민과 선원들의 길잡이가 되어 왔다.

지구
우리가 살고 있는 지구의 공전주기는 약 365일(1년)이고 자전주기는 약 24시간(1일)이다. 대부분 물로 이루어져 있고 공기도 풍부해 다양한 생명체들이 가득한 환상의 행성이다.

화성
공전주기는 약 687일이고 자전주기는 약 24시간 37분이다. 크기는 지구의 절반 정도 되며 적갈색의 돌로 덮여 있어 붉은색을 띤다. 물이 있었다는 증거가 발견되어 생명체가 살 수 있는지 조사하고 있다.

토성
공전주기가 약 29년이고 자전주기는 약 10시간 39분이다. 지름이 지구의 9배 정도이지만 지구보다 훨씬 가볍다. 토성은 여러 겹으로 이루어진 아름다운 고리로 유명한데 고리는 얼음과 바위, 먼지로 이루어져 있다.

천왕성
공전주기는 84년으로 길지만 자전주기는 11시간으로 빠르다. 크기는 지구의 약 4배 정도이고 자전축이 많이 기울어져 있어(98°) 거의 누워 있는 상태로 태양을 돈다.

목성
공전주기는 11.86년에 이르지만 자전주기는 10시간으로 매우 빠르다. 태양계 행성 중 가장 크고(지구 지름의 11배) 다른 행성을 모두 합친 것보다 무겁다. 목성에는 커다랗고 붉은 눈이 하나 관찰되는데 허리케인 같은 소용돌이로 밝혀졌다.

해왕성
공전주기는 165년으로 매우 길고 자전주기는 16시간 7분이다. 해왕성은 파랗게 보이는데 대기의 성분이 태양의 빨간빛을 흡수하고 파란빛을 반사하기 때문이다.

태양계 가족을 만나 볼까?

태양 주변을 돌고 있는 행성은 수성, 금성, 지구, 화성, 목성, 토성, 천왕성, 해왕성까지 모두 8개입니다. 행성들은 태양 둘레를 돌면서(공전) 회전축을 중심으로 스스로 도는데(자전) 태양도 시계 반대방향으로 자전을 합니다. 태양계의 각 행성들의 특징을 살펴볼까요?

저 별은 내 것? 이 별도 내 것!

우리가 보는 별이나 별자리들은 저마다 이름을 가진다. 그렇다면 별 이름은 처음에 어떻게 지어졌을까? 그리고 우리도 별 이름을 지을 수 있을까? 만약 한 별을 골라 이름을 지어 준다면 그 별의 주인도 될 수 있는 걸까?

천체의 이름을 짓는 방법은 여러 가지가 있다. 첫째, 시리우스나 베텔기우스처럼 아주 오래전부터 불렸기 때문에 그대로 이름이 된 경우가 있다. 둘째, 1603년 독일의 천문학자 요하네스 바이어가 만든 방법으로, 별자리에서 가장 밝은 별부터 차례대로 알파(α), 베타(β), 감마(γ) 같은 그리스 문자를 붙이는 방법이 있다. 그런데 별들은 수없이 많았고, 그리스 문자는 턱없이 부족했다. 그러자 1729년 영국의 천문학자 존 플램스티드가 새로운 방법을 제안하였는데 별자리의 가장 서쪽별부터 차례대로 아라비아 숫자를 붙이는 것이었다.

그리고 시간이 흘러 과학자의 이름을 별에 붙이는 방법이 사용되었다. 어떤 과학자가 별을 발견하거나 별에 대해 중요한 사실을 밝혀냈다면 그 별은 과학자의 이름으로 불렸다. 예를 들어, 1916년 미국의 천문학자 에드워드 에머슨 바너드는 뱀주인자리에서 가장 큰 별을 발견하였고, 이 별에는 '바너드의 별'이라는 이름이 붙여졌다. 우리나라 과학자의 이름이 붙은 별도 있는데 바로 '원철성'이라는 독수리자리의 에타별이다. 천문학자 이원철은 에타별이 주기적으로 수축과 팽창을 반복하며 밝기가 변한다는 사실을 밝혀내어 자신의 이름을 별에 붙일 수 있었다.

최근 우리나라 연구진들은 여러 소행성들을 발견하였고, 각각 김정호, 최무선, 장영실, 허준 등 우리나라 위인들의 이름이 붙여졌다. 보통 소행성의 이름을 짓는 과정은 별과는 조금 다르며, 몇 가지 특별한 절차가 필요하다. 만약 누군가가 처음으로 행성을 발견하였다면 먼저 국제천문연맹 소행성 위원회에 보고해야 한다. 보고서에는 어디에서 관측했는지, 사용한 장비는 무엇인지, 행성의 좌표를 분석할 때 사용한 기준 자료는 무엇인지 등을 정확히 적어야 한다. 그럼 위원회는 보고서가 사실인지 확인한 후 소행성에 번호를 붙인다. 그리고 최초 발견자에게 고유 명칭을 붙일 수 있는 권리를 준다. 다만, 소행성에 정식 이름을 붙이려면 임시 번호를 받은 뒤 2~5년 동안 지속적으로 관측해야 한다. 그 기간 동안 소행성의 운행 궤도가 확실해지면 고유 번호가 주어지고, 최초 발견자는 이름을 정할 수 있다. 일반적으로 소행성에는 발견자의 이름을 붙이지 않지만, 혜성처럼 별 이외의 다른 천체에는 발견자의 이름을 붙이기도 한다.

그런데 1979년 미국의 한 민간 기업이 별에 이름을 붙여 파는 사업을 하기 시작하였다. 이 기업은 별에 이름을 붙이기 위해 돈을 내면 그 목록이 미국 국회도서관에 보관된다고 광고하였다. 하지만 이러한 방법은 공식적으로 어떤 인정도 받지 못한다. 별 이름을 짓기 위해서는 국제천문연맹(IAU)의 승인이 필요하기 때문이다. 또한 우주에 떠 있는 무수히 많은 별들에 자신이 원하는 이름을 붙인다고 해서 그 별이 자기 것이 되지는 않는다. 애초에 '소유권어떤 물건을 가지고 사용하는 권리'이라는 개념을 별에 적용시킬 수 있는 것인지도 알 수 없다.

많은 사람들이 밤하늘의 별들을 동경하며 농담 삼아 "저 별은 내 것!"이라고 말하기도 한다. 하지만 그건 '소유권'을 주장하기 위해서가 아니라, 반짝반짝 빛나는 별들을 보며 저마다 꿈을 꾸고 멋진 상상을 펼친다는 뜻이지 않을까?

루나의 빈칸 채우기

하늘이를 위한 요점 정리! 공부하면서 정리하라고 빈칸을 몇 개 만들어 놨어. 무슨 말이 들어갈지는 본문을 열심히 읽어 본 사람이라면 금방 맞힐 수 있을 거야!

달이 우리에게 보여 주는 가장 신비한 천문 현상은 바로 ❶_____과 ❷_____이야. ❶_____은 달이 태양을 가렸을 때 나타나는 현상이고, ❷_____은 달이 지구의 그림자에 가려지는 걸 말해. 옛날 사람들은 나라에 안 좋은 일이 일어날 나쁜 징조라고 생각해서 두려워했지만, 지금은 모두 보고 싶어 하는 신비한 천문 현상이란다.

맑은 여름밤에 하늘을 보면 커다란 빛의 강, ❸_____를 볼 수 있어. 사람들은 옛날부터 그 정체를 궁금해 했단다. 우리나라 사람들은 그 강을 '미리내'라고 불렀어. '미르'는 용을 가리키는 순우리말이고, '내'는 작은 강을 뜻해. 즉, 용이 빛의 강을 지난다고 생각한 거지. 우리 나라 전래 동화 중에 견우와 직녀 알지? 이 두 사람을 만나게 해 주기 위해 까마귀와 까치가 오작교를 만들잖아. 그 오작교 아래로 흐르는 강이 바로 ❸_____란다.

❹_____과 ❺_____은 절대 헷갈리면 안 돼! ❹_____은 얼음으로 되어 있고, 태양의 중력에 이끌려 긴 포물선 궤도를 그리며 움직여. ❺_____은 순우리말로 별똥별이라고 부르기도 해. 종종 우주를 떠돌던 먼지나 암석들이 지구의 중력에 이끌려 다가오는 경우가 있는데, 그때 대기권과 마찰을 일으켜 불타올라 빛을 내는 거야.

정답 ❶ 일식 ❷ 월식 ❸ 은하수 ❹ 혜성 ❺ 유성

밤하늘에 지도를 그리다

 안녕, '별 보기 클럽'의 대원 여러분! 그동안 잘들 지냈나요? 날 잊어버린 건 아니겠죠? 하하하!

 아, 날 모르는 새로운 대원들이 있겠군요. 먼저 제 소개를 할게요. 저는 천문연구원에 근무하는 천문학자 '메시에'라고 해요. 제가 이렇게 말하면 거짓말 하지 말라고 댓글들을 달기도 하지만 전 정말 배도 나오고 수염도 텁수룩하게 난 노총각 아저씨랍니다, 하하하!

 그런데 아저씨가 초등학생도 아닌데 왜 '별 보기 클럽' 대원이냐고요? 그건 정말 우연이었어요. 어느 날 저는 새로운 별자리가 생겼다고 해서 인터넷으로 기사를 검색하고 있었어요. 그런데 마침 이 클럽이 검색 결과로 뜨는 거예요. 처음에만 해도 '애들끼리 모여서 별 보며 노는 클럽인가?'라고 생각했죠. 그런데 웬걸, 완전 상상을 초월하는 거 있죠? 어른들도 천문학에 대해 잘 모르는데 여기에는 밤하늘 전문가들이 가득한 거예요.

그래서 저는 '별 보기 클럽'의 대원들에게 조금이나마 도움이 되고 싶었답니다. 그리고 가능하면 천문학이 즐겁다는 사실도 알려 주고 싶었어요. 그래서 바로 얼마 후! 제가 준비한 행사가 시작된답니다. 어떤 건지 궁금하죠? 그건 맨 나중에 이야기할 테니 조금만 기다리세요, 하하하!

하늘이 대원은 선 이어 그리기를 해 본 적이 있나요? 종이에 마구 찍

★ 메시에의 별자리 노트

태양이 지나가는 길, 황도

지구가 1년간 공전을 할 동안, 태양은 12개의 별자리에 각각 머물러요. 그것을 황도 12궁(태양이 지나가는 길에 있는 12개 별자리)이라고 말해요.
기원전 3000년경 바빌로니아에서 만든 황도 12궁은 양·황소·쌍둥이·게·사자·처녀·천칭·전갈·궁수·염소·물병·물고기자리예요.
그런데 시간이 흐르면서 지구 자전축 위치가 바뀌어 황도12궁에 '뱀주인자리'가 새로 들어가야 한다는 말이 떠돌았어요. 하지만 지구의 공전 각도가 변하지 않는 한 태양이 지나가는 길은 변하지 않아요. 태양이 각 별자리를 지나가는 날짜는 조금씩 변할 수 있지만 말이에요.

혀 있는 점을 선으로 잇다 보면 어느새 아름다운 그림이 완성되잖아요. 정말 신기하지 않나요? 어렸을 때부터 저에게 밤하늘은 최고의 놀이터였어요. 끝도 없이 펼쳐진 별들을 손으로 이어가다 보면 온갖 신기한 그림들이 그려졌죠. 재미있는 건 천문학을 연구하는 사람들끼리 만나 이야기를 나누다 보면 어렸을 적에 저 같은 친구들이 많았다는 거예요.

옛날에도 마찬가지예요. 초원을 떠돌던 유목민이나 항해를 하던 선원들에게 밤하늘은 친구이자 길잡이였어요. 사람들은 유난히 빛나는 별들을 이어 동물 모양을 만들어 내거나 신화 속 영웅들을 상상하기도 했어요. 재미난 이야기들도 함께 곁들여서요. 그게 바로 별자리의 시초였어요, 별자리는 처음에 재미를 위해서 생겨났지만, 중세에 이르러 항해 기술이 발달하면서 실용적인 목적으로 쓰였어요. 사방을 둘

러봐도 아무것도 없는 바다에서 별자리가 지도의 역할을 한 거죠. 또한 망원경도 함께 발달하면서 새로운 별자리들도 생겨 났어요.

그런데 점점 시간이 흐르면서 문제가 생겼어요. 여러 사람들이 제각각 별자리를 만들다 보니 같은 별자리인데도 지역에 따라 모양과 이름

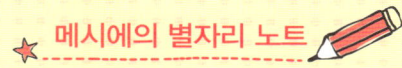
★ 메시에의 별자리 노트

서양과 동양의 별자리

국제천문연맹에서 정한 88개의 공식 별자리는 서양을 중심으로 한 거예요. 별자리에 얽힌 이야기들도 그리스 로마 신화를 담고 있지요. 하지만 동양의 색깔이 담긴 별자리들도 있답니다.

동양에서는 밤하늘의 별들이 옥황상제가 다스리는 천상 세계의 모습을 나타낸다고 믿었어요. 그래서 북극성을 중심으로 하늘을 자미원, 태미원, 천시원이라는 세 공간으로 나누었지요. 자미원은 궁전, 태미원은 정원, 천시원은 시장을 나타내요. 그리고 하늘을 동서남북으로 나눈 다음 사신을 위한 별자리를 만들기도 했어요. 사신이란 동서남북의 방위를 지키는 청룡, 백호, 현무, 주작을 말해요. 각 수호신이 7개의 별자리를 가지게 해서 모두 28개의 별자리가 밤하늘을 지키게 했답니다.

원래 이 별자리들은 중국에서 만들어져 우리나라까지 전해졌어요. 그래서 우리나라의 밤하늘과는 맞지 않는 경우도 있었지요. 그러자 세종대왕 때의 학자 정인지는 우리나라 최초의 천문학서 『칠정산』을 펴냈어요. 이 책에는 우리나라에서 보이는 별자리를 비롯해 태양과 달의 운동, 24절기, 일식과 월식을 예측하는 방법 등 우리나라에 맞는 천문학 지식들이 나와 있답니다.

들이 모두 달랐던 거예요. 그러자 1922년 국제천문연맹은 회의를 열어 밤하늘 별자리 지도를 정리했어요. 그 후 1928년에 열린 총회에서 황도에 따른 12개의 별자리와 북반구 하늘의 별자리 28개, 남반구 하늘의 별자리 48개를 합쳐 총 88개의 공식 별자리가 만들어졌어요. 그 가운데에 우리나라에서 볼 수 있는 별자리는 총 67개예요.

이렇게 밤하늘의 지도가 정해지면서 더는 별자리가 꼬일 일은 없어졌어요. 하지만 저는 조금 안타까워요. 어렸을 적 꿈 가운데 하나가 직접 별자리를 만드는 거였는데, 이제 안 되겠죠? 흑흑!

북극성으로 시작하는 별자리 여행

별자리를 알아보기 전에 먼저 이야기할 게 있어요. 별자리를 만들 때 가장 중요한 건 뭘까요? 바로 별의 밝기랍니다. 밝게 빛나야 사람들이 쉽게 볼 수 있으니까요.

기원전 2세기경 그리스의 천문학자 히파르코스가 별의 밝기에 따라 등급을 만들었어요. 1등급부터 6등급까지 있는데 각 등급의 차이는 2.512배예요. 그러니까 6등급별보다 5등급별이 2.512배 밝은 거지요. 같은 방법으로 계산해 보면 1등급별과 6등급별은 약 100배 정도 밝기

차이가 나요. 물론 이건 지구를 기준으로 하는 '겉보기 등급'이에요. 별의 거리를 상관하지 않고 보이는 대로 정한 등급이지요.

그래서 '절대 등급'이라는 개념이 생겨났어요. 별들이 지구와 32.6광년 떨어져 있을 때를 기준으로 별들의 밝기를 계산한 거죠. 예를 들어 북극성의 겉보기 등급은 2등급별이지만, 절대 등급으로는 금성과 비슷한 밝기인 −4.5등급별이에요. 그러니까 북극성이 32.6광년보다 훨씬 더 멀리 있어서 상대적으로 어두워 보인다는 뜻이죠.

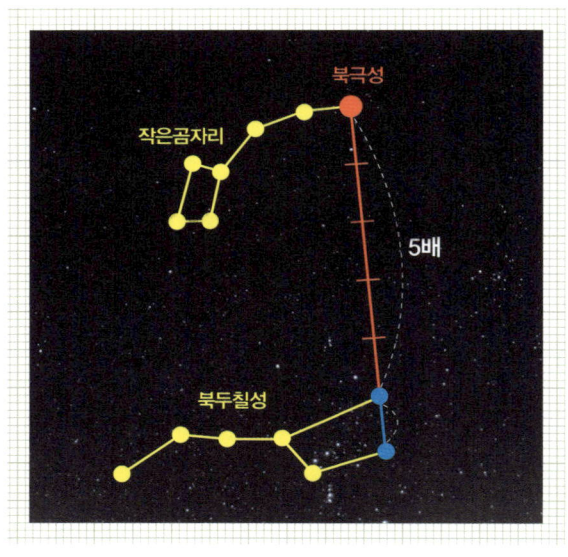

별자리를 볼 때는 기준이 중요해요. 우리의 기준은 바로 북극성이랍니다. 북극성은 생각보다 밝은 편이 아닌데 어떻게 기준이 될 수 있었을까요?

모든 별들은 지구의 자전과 공전 때문에 1시간에 약 15° 정도씩 동쪽에서 서쪽으로 움직이는 일주 운동과 하루에 약 1°씩 서쪽으로 움직이는 연주 운동을 해요. 따라서 계절에 따라 볼 수 있는 별자리도 바뀐답니다. 이렇게 별들이 계속 움직이면 위치를 알기 힘든 건 당연하겠죠?

하지만 북극성은 지구의 자전축과 일직선으로 있기 때문에 일주 운동과 관계가 없고, 거리도 엄청나게 멀어서 지구의 공전에도 별 영향을 받지 않아요. 그래서 기준 별이 될 수 있는 거예요. 레이더가 없었던 시절 항해사들은 북극성을 보고 배의 위치를 가늠했다고 해요. 북극성을 찾는 가장 쉬운 방법은 바로 국자 모양의 북두칠성을 찾는 거예요. 그런 다음 국자의 끝부분에 있는 두 별의 거리를 재세요. 그리고 그 거리의 다섯 배 정도 떨어진 곳을 보면 북극성이 있답니다!

북두칠성은 우리나라 사람들에게 가장 친숙한 별자리 가운데 하나예요. 옛날 우리 조상들은 북두칠성을 '칠성님'이라고 부르며 사람의 수명을 결정하는 신이라고 믿었어요. 고구려 사람들은 자신들을 북두칠성의 자손이라고 믿어서 왕의 무덤 벽에 북두칠성을 그려 넣었다고도 해요.

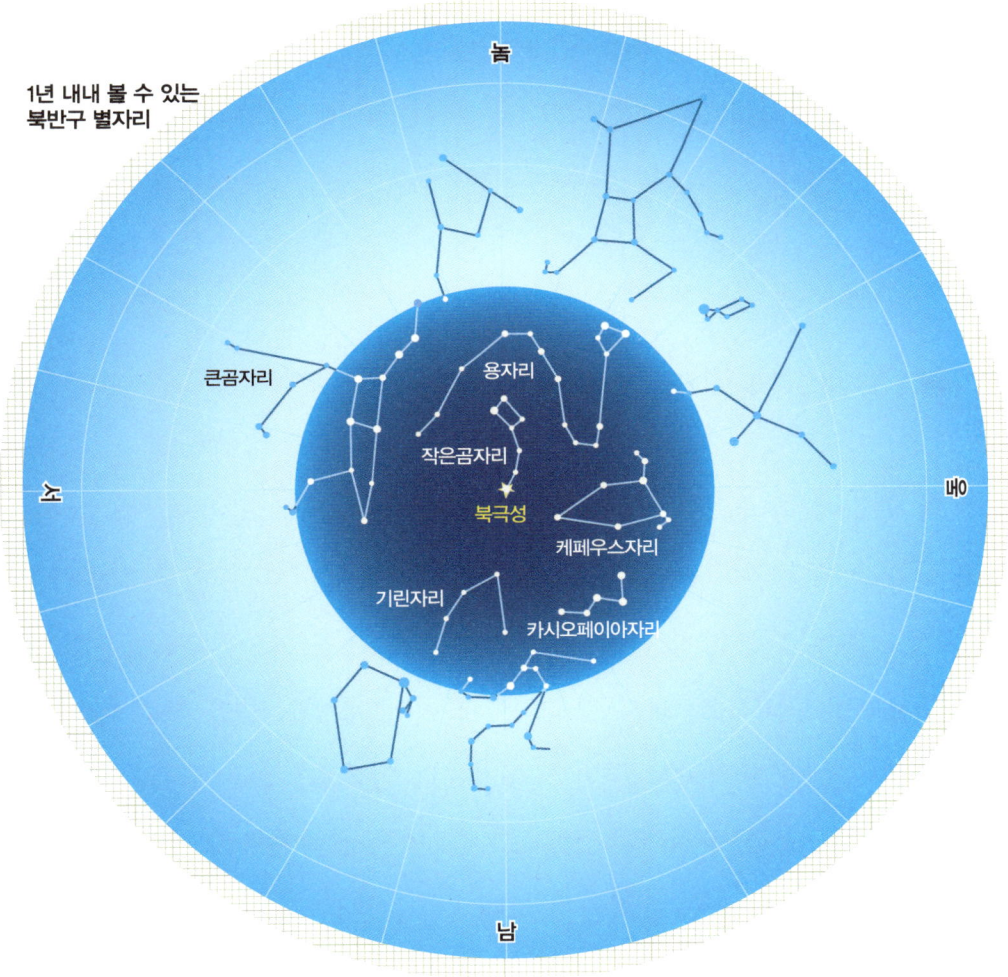

우주의 지도, 별자리!

그런데 사실 북두칠성은 큰곰자리의 꼬리에 속하는 별자리랍니다.

북극성을 기준으로 북두칠성의 반대편에는 'W'자 모양으로 빛나는 별자리가 있어요. 바로 카시오페이아자리예요. 카시오페이아는 그리스 신화에 나오는 왕비로 아름답지만 허영심이 무척 많았어요. 그러자 바다의 신 포세이돈이 화가 나 벌을 내렸고, 그 결과 거꾸로 매달리게 된 거라고 해요. 그 옆에 보이는 오각형 모양 별자리는 케페우스자리로 카시오페이아 왕비의 남편이랍니다. 또한 그 주변에는 작은 국자 모양의 작은곰자리, 기다랗게 이어진 용자리와 기린자리 등이 놓여 있어요.

계절에 따라 달라지는 별자리

각 계절에 따라 별자리가 달라지기 때문에 밤하늘에서 별자리를 바로 찾기란 쉬운 일이 아니에요. 그럴 때 쓰는 방법이 따로 있답니다.

먼저 봄에는 '봄철 대삼각형'을 찾아야 해요. 역시 이때도 북두칠성을 이용하면 편리하죠. 국자 모양의 손잡이 끝에 있는 별을 따라 내려가다 보면 유난히 반짝이는 별인 목동자리의 알파별 별자리 중에서 가장 빛나는 별 아르크투루스를 발견할 수 있어요. 그 별에서 다시 내려가면 처녀자리의 알파별인 1등급별 스피카가 보이죠. 거기서 다시 대각선으로 향하면 사자자리의 알파별인 데네볼라를 볼 수 있고요. 이 세 별을 연결하면 봄철 대삼각형이 이루어져요. 여기에서부터 출발하면 봄철의 별자리를 볼 수 있답니다.

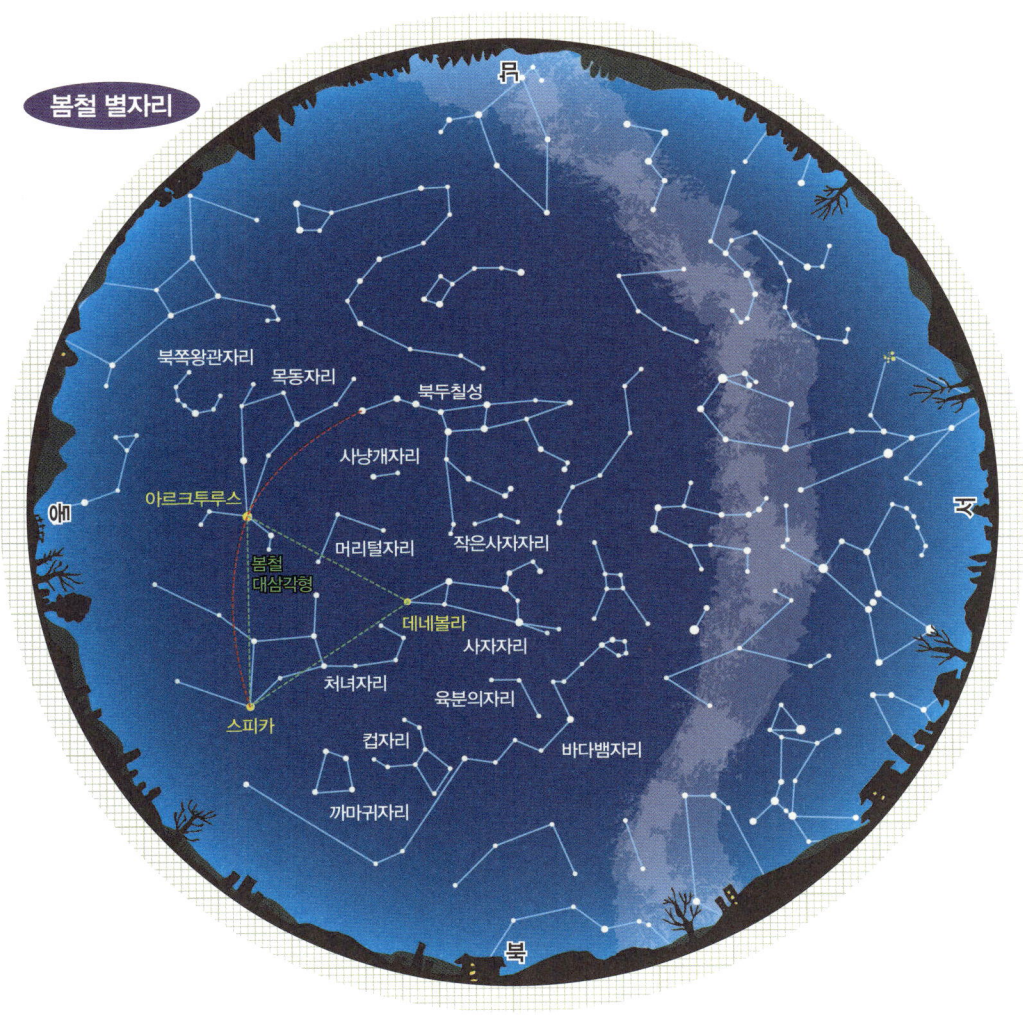

봄철 별자리

여름에는 은하수가 가장 아름답게 빛나고 날씨가 춥지 않아서 별 보기가 참 좋은 때예요. 여름철 별자리 역시 '여름철 대삼각형'을 찾으면 돼요. 가장 먼저 십자가 모양으로 은하수 위를 나는 백조자리의 알파별 데네브를 찾아요. 그곳에서 양쪽 대각선을 보면 독수리자리의 알파별

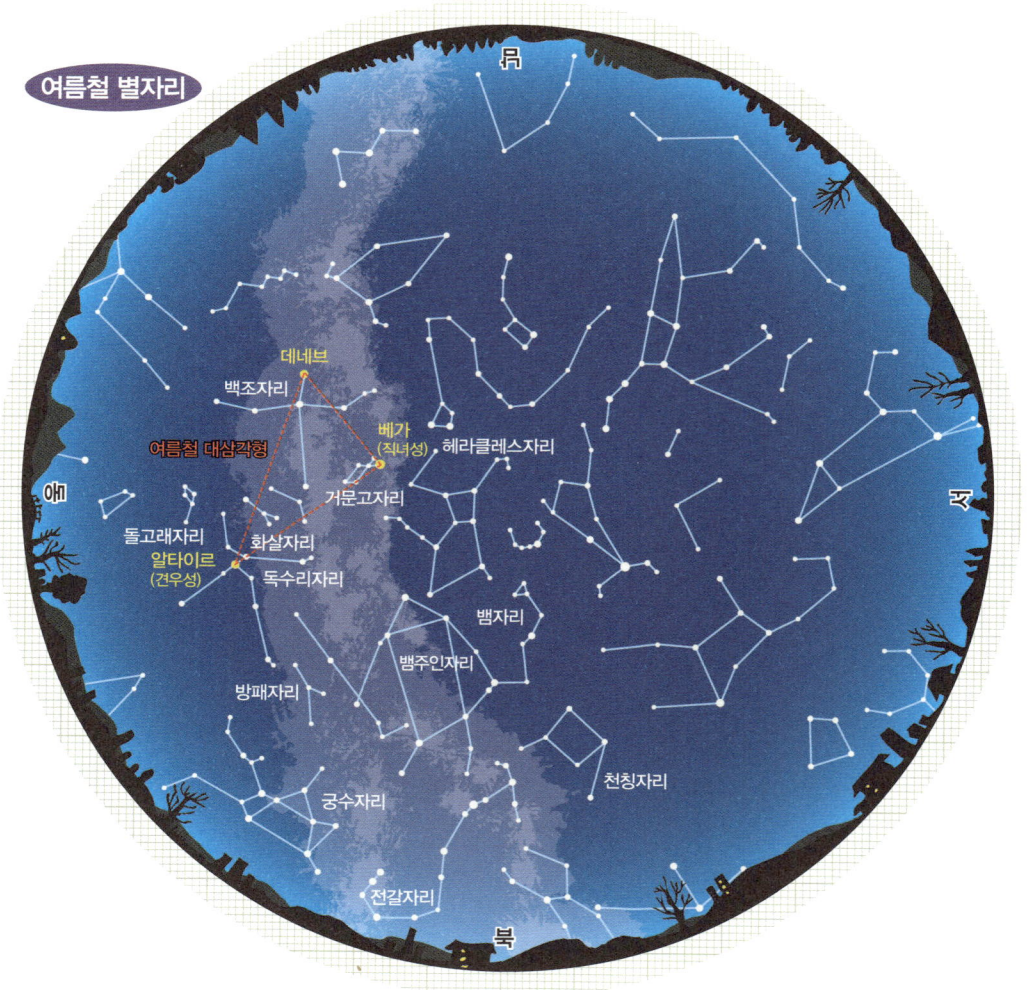

여름철 별자리

알타이르와 거문고자리의 알파별 베가가 있는데 이 세 별자리가 만나 여름철 대삼각형을 이루어요. 그런데 알타이르와 베가는 우리나라에서는 다른 이름으로 유명해요. 바로 견우성과 직녀성이에요. 은하수를 기준으로 떨어져 있는 두 별의 모습이 서로 만나지 못하는 견우와 직녀를

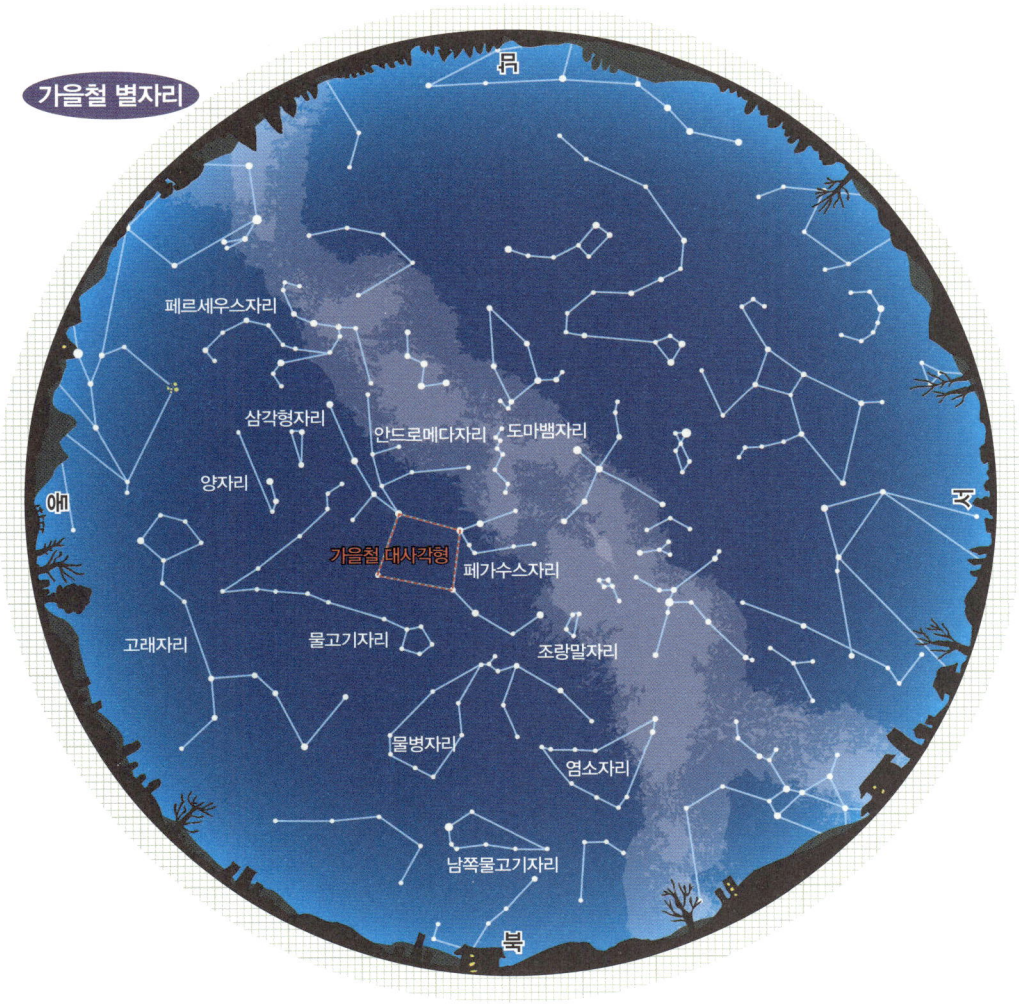

닮은 것 같지 않나요?

가을철 별자리는 다른 계절의 별자리에 비해 상대적으로 밝게 빛나는 별이 없어요. 그래서 자세히 보지 않으면 별자리를 찾기가 힘든 경우가 많아요. 가을철 별자리의 기준은 '가을철 대사각형'인데 바로 하늘

을 나는 명마 페가수스자리의 몸통이에요. 페가수스자리 옆에는 카시오페이아 왕비의 딸이자 아름다운 미녀였던 안드로메다자리가 있어요. 우리가 잘 아는 안드로메다은하가 바로 이 별자리의 허리 부분에 있지요. 그 위에는 바다뱀에게서 안드로메다를 구한 영웅 페르세우스자리도 있고요.

겨울은 날씨가 무척 춥지만 유난히 별이 많고 또 볼 수 있는 별자리도 많은 계절이에요. 오리온자리가 바로 겨울철의 대표적인 별자리이죠. 오리온자리의 어깨에 해당하는 베텔기우스와 그 아래 가장 밝은 별로 유명한 큰개자리의 알파별 시리우스 그리고 시리우스만큼 밝은 작은개자리의 알파별 프로시온이 모여 '겨울철 대삼각형'을 이루어요.

보통 별자리를 보기 위해서는 저녁 9시쯤 맑은 날을 골라 다른 빛이 없는 어두운 곳으로 가야 해요. 사실 어딜 가나 밝은 요즘의 우리나라에서는 참 힘든 일이죠. 게다가 모든 별자리를 다 보려면 1년을 꼬박 기다려야 하니 힘들기도 하고요. 그래서 만들어진 것이 바로 플레네타리움(천체투영실)이에요. 주로 과학체험관이나 천문대에 있는데 천장의 돔에 별자리를 비추어 사계절 별자리를 한번에 볼 수 있게 해 줘요. 하지만 실제로 보는 감동보다는 조금 덜하겠죠?

자, 이제 드디어 제가 준비한 행사에 대해 말할 때가 왔군요! 두구두구둥! 바로 '메시에 마라톤'이랍니다! 천문학 이야기를 하다 갑자기 웬

마라톤이냐고요? 하하하! 이건 그냥 마라톤이 아니에요. 바로 별 보기 마라톤이라고요!

18세기 프랑스의 천문학자 메시에는 1758년에서 1759년 사이에 지구에 올 것이라고 예측된 핼리혜성을 프랑스 최초로 관측한 사람이에요. 그 후 그는 혜성을 찾는 걸 자신의 평생 목표로 여겼죠. 오죽하면 루이 15세가 그를 '혜성 탐색자'라고 불렀겠어요. 그런데 자꾸 혜성 생각만 하다 보니 메시에는 급기야 게성운을 혜성이라고 발표했고 오랫동안 놀림을 당했어요. 하지만 그건 꼭 메시에의 잘못만은 아니었어요. 그 당시 메시에가 사용하던 작은 천체망원경으로는 혜성과 성운이 비슷해 보였거든요. 그 후 메시에는 혜성과 헷갈리지 않기 위해 성운 110개를 기록한 목록표를 만들었어요. 그런데 알고 보니 그 목록표에는 성운뿐만 아니라 성단과 외부 은하까지 포함되어 있었지요. 당시에는 대부분의 천체를 '성운'이라고 뭉뚱그려 말하던 때였으니까요.

그런데 시간이 흘러 1960년대 스페인의 아마추어 천문가들은 놀라운 사실을 깨달았어요. 메시에는 성운 목록표를 평생에 걸쳐 만들었지만 우리는 잘만 하면 목록표에 있는 별들을 하룻밤 안에 다 관측할 수 있다는 거였지요! 그 후 1970년대가 되자 미국의 아마추어 천문가들은 함께 모여 누가 더 많은 별을 관측하는지 내기하는 대회를 열었어요. 그 대회가 바로 메시에 마라톤이랍니다!

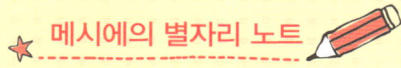

우리가 볼 수 없는 별자리, 남십자성

지구본을 보면 우리나라는 적도 위쪽에 있어요. 즉, 북반구에 위치한 거지요. 그래서 우리나라에서는 절대로 볼 수 없는 별자리가 있어요. 바로 '남십자성'이에요. 남십자성은 88개의 별자리 중 가장 작지만, 가장 중요한 별자리 가운데 하나예요. 왜냐하면 남반구에서 기준으로 삼기에 가장 적합한 별이었거든요. 실제로 남반구를 항해하던 수많은 배들이 남십자성 덕분에 안전하게 집으로 돌아갈 수 있었어요. 그 공로를 인정받았던 걸까요? 원래 봄철 남쪽 하늘에 보이는 센터우루스자리에 속했던 남십자성은 17세기 이후에 분리되어 독립적인 별자리로 인정받았어요. 그리고 '88개의 공식 별자리'에도 이름을 올릴 수 있었어요. 또한 남반구를 대표하는 별자리라는 인상이 강하기 때문에 대표적인 남반구 국가인 뉴질랜드와 오스트레일리아를 비롯해 브라질, 파푸아 뉴기니 등의 국기에 사용되었답니다.

뉴질랜드

오스트레일리아

브라질

파푸아 뉴기니

메시에가 작은 천체망원경 하나로 목록표를 만들었기 때문에 이 대회에서도 그다지 거창한 장비가 필요하지 않아요. 중요한 건 바로 운과 체력이죠! 자, 별 보기 클럽 대원 여러분! 한번 메시에 마라톤에 도전해 보지 않겠어요? 1등에게는 무려무려무려무려! 우주인 훈련을 체험할 수 있는 기회를 드릴게요! 자, 그럼 메시에 마라톤이 열리는 날 만나요!

댓글 8개 | 등록순▾ | 조회수 77

🪐 **코스모스** 참가 신청 완료! 이번에도 내가 1등 해야지!

⭐ **별할머니** 나도 완료! 흥, 코스모스, 이번에는 꼭 이기고 말겠어!

🛸 **루나** 음, 난 포기. 별 관측 대회는 꼭 그믐날에만 하더라…….

📡 **관측대장** 당연하지, 루나. 달빛이 없어야 별이 잘 보이잖아. 나도 참가! 외계인들아, 기다려! 내가 꼭 우주인 훈련을 받아서 너희를 만나러 갈게!

🛩️ **하늘** 음, 나도 참가해도 될까? 아직 별 관측이 서툴러서…….

    ㄴ 🪐 **코스모스** 걱정하지 마. 우리가 도와줄 테니 함께 가자!

    ㄴ ⭐ **별할머니** 그래, 재미있을 거야.

🛩️ **하늘** 음, 좋았어! 나도 참가!

[댓글입력]

빛 때문에 별을 못 본다?

예전에는 맨눈으로도 수천 개의 별과 은하수를 밤하늘에서 볼 수 있었다. 하지만 지금의 서울에서는 은하수는커녕 별도 잘 보이지 않는다. 대체 왜 그럴까? 공기가 오염된 탓이기도 하지만 시내가 너무 밝기 때문이기도 하다. 전문가들은 '인간이 만든 지나친 빛으로 인한 공해'를 빛 공해라고 말한다.

빛 공해는 단순히 별이 보이지 않는 문제에서 끝나는 것이 아니라 환경과 생태계에 심각한 영향을 준다. 밤새 불빛이 환한 가로등 옆에 서 있는 가로수의 경우 계절이 헷갈려 단풍이 늦게 들기도 한다. 또한 일부의 새나 해양 생물들은 너무 환한 밤과 낮을 구분하지 못해 스트레스를 받아 죽기도 한다.

우리나라 환경부는 '인공조명에 의한 빛 공해 방지법'을 만들어 벌금 제도를 실시하려고 하지만 쉽지 않아 보인다. 지금 실행되는 법에 따르면 '에너지를 아낄 수 있고 공기 오염을 최대한 줄일 수 있는' 제품을 만들어야 한다. 그런데 '친환경' 조명을 만들다 보면 빛 공해를 어느 정도 감수해야 하고, 빛 공해를 줄이다보면 오히려 '반환경'제품이 되어 버린다는 것. 어떻게 해야 빛 공해도 줄이고 환경도 보호할 수 있을까? 많은 사람들이 머리를 맞대고 고민하고 있지만 아직까지 확실한 대책은 나오지 않고 있다. 빛이 적당히 비치는 까만 밤하늘과 깨끗한 공기로 뒤덮인 도시에서 마음껏 별들을 볼 수 있는 날이 올 수 있을까?

밤중에도 대낮처럼 밝은 도심의 모습

메시에와 함께 별자리 찾기

직접 하늘을 보고 별자리를 찾아보는 건 어때? 밤하늘에 총총 떠 있는 별을 골라 선을 이으면 별자리가 나타난대! 어떤 모양인지 한번 확인해 볼까?

❶ 작은곰자리 (p.103)

❷ 토끼자리 (p.108)

❸ 케페우스자리 (p.103)

❹ 카시오페이아자리 (p.103)

정답

❶ 작은곰자리
❷ 토끼자리
❸ 케페우스자리
❹ 카시오페이아자리

에필로그

우리 함께 우주로 가요!

 신나는 우주 체험 훈련

안녕, 얘들아! 나 하늘이야!

1박 2일 동안 열린 우주인 체험 캠프에서 방금 돌아왔어. 지금 너무 너무 피곤하고 졸리지만, 그 전에 얼마나 신 났는지 너희에게 빨리 얘기해 주고 싶었어. 사실 메시에 마라톤에서 내가 1등을 한 건 순전히 행운이었던 것 같아. 오히려 다른 친구들이 갔어야 하는데 정말 미안했고 한편으로는 엄청 부담이었어. 하지만 나 캠프에 가서 다른 친구들 몫까지 정말 열심히 했어!

캠프에는 여러 나라의 많은 아이들이 참가했어. 우리가 처음으로 간 곳은 바로 우주 체험 훈련장이었단다. 우리나라 최초의 우주인인 이소연 박사님을 다들 알지? 그곳 교관님이 말씀하시길 우리가 받은 훈련이 이소연 박사님이 러시아의 가가린 우주인 센터에서 받았던 훈련과 거의 비슷하다지 뭐야. 처음에 우리들은 정말 재미있을 것 같다며 좋아했어. 곧 얼마나 힘들지 상상도 하지 못하고 말이야.

처음엔 정말 신이 났어. 우주여행 시뮬레이션 훈련을 했거든. 의자에 앉아 거대한 스크린을 보며 태양계를 지나 안드로메다은하까지 다녀오는 거였어. 원래대로라면 빛의 속도로 가도 200만 년 이상 걸리는 곳이었지만, 시뮬레이션 기계로는 금방이더라고. 하지만 태양계의 각 행성들이 실제처럼 보여서 입을 헤 벌릴 수밖에 없었어.

그 다음으로 체험한 건 무중력 훈련이었어. 우주에 가면 중력이 약해져서 몸이 둥둥 뜬다고 하잖아? 우리는 먼저 트램폴린^{쇠틀에 넓은 그물망이 스프링으로 연결되어 그 위에서 점프를 할 수 있는 운동 기구} 같은 곳을 걸어다녔어. 조금만 걸어도 몸이 출렁출렁거리는 게 재미있기도 했지만 살짝 어지럽기도 했지.

가장 인기가 높았던 건 로봇 팔 체험이었어. 우주선 안에서 로봇 팔을 직접 조종해 밖에 있는 물건을 집는 훈련이었지. 처음에는 다들 신기해했지만 생각보다 조종이 어렵더라고. 책 한 권을 집는 데도 다들 시간이 오래 걸렸어. 마지막에 교관님이 로봇 팔을 조종해 병뚜껑을 딴 다음, 음료수를 컵 밖으로 넘치지 않게 붓는 시범을 보일 때는 박수가 터져 나왔다니까!

하지만 가장 힘든 훈련은 따로 있었어. 바로 중력 가속도 훈련! 보통 지구에서 우주로 나갈 때와 우주에서 지구로 돌아올 때는 특히 중력이 강하게 작용한대. 우리 몸무게의 3배 정도나 되는 힘이 몸을 짓누르는 느낌이라니 얼마나 무거울까! 물론 우리는 훨씬 약하게 훈련을 받았지만 어찌나 힘들던지 체험이 끝날 때쯤에는 우는 아이들도 많았단다.

마지막으로 우리는 우주복을 입어 보는 체험도 했어. 우주복은 혹독한 추위와 열기를 모두 견디고 우주에서 쏟아지는 방사능을 막을 수 있

▲우주에서 운동을 게을리 하면 칼슘이 빠져나가 지구에 돌아온 후 제대로 걸을 수 없다. 우주에서 오랫동안 생활하다 돌아온 사람들은 지구에 내려오는 순간 제대로 걷지 못하는데, 이는 몸이 무중력 상태에 적응했기 때문이다.

▶우주 유영을 하는 우주인의 모습. 우주 유영이란 우주 왕복선이나 위성을 수리하고 국제 우주 정거장을 조립하는 등 사람이 직접 우주 공간으로 나가는 것을 말한다.

게 설계되었어. 그만큼 엄청 무거웠기 때문에 혼자서는 도저히 입을 수가 없었지. 교관님들이 도와줘야만 겨우 입을 수 있었고, 입은 후에도 혼자 걷기조차 힘들었어. 그런 옷을 입고 온갖 탐사 활동을 하다니······ 이소연 박사님을 비롯한 우주인들이 모두 존경스러웠단다.

체험이 모두 끝난 후에 우리는 진짜 우주인이 된 것처럼 우주 식량을 먹어 보았어. 모두 진공 포장이 되어 있더라고. 하지만 음식 찌꺼기들이 우주선 안을 떠다닐 경우 기계 속으로 들어가 고장을 일으킬 수도 있기 때문에 조심해야 한대. 음, 맛은······ 엄마가 해 주시는 밥이 먹고 싶더라고, 하하하!

그날 저녁 나는 잠들기 전에 지금까지의 우주 탐사 기록을 찾아봤어. 사람보다 먼저 우주에 나갔던 동물들의 이야기와 닐 암스트롱을 비롯해 달에 착륙했던 우주인들 그리고 우리나라 최초의 우주인 이소연 박사님에 얽힌 이야기들까지 모두 흥미진진했단다. 그 이야기들을 읽다 보니 점점 '나도 우주에 가고 싶다'라는 생각이 뭉글뭉글 피어올랐어.

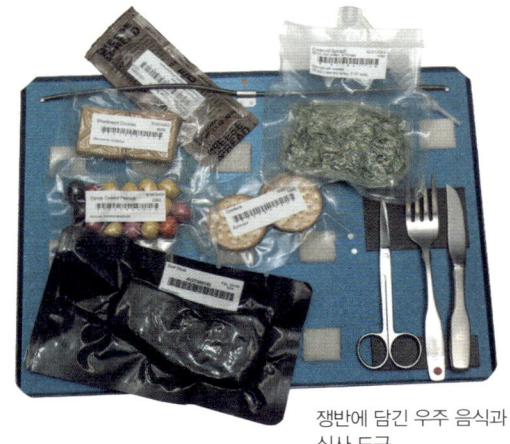

쟁반에 담긴 우주 음식과 식사 도구

너희도 알겠지만 지금 지구는 사람들의 무분별한 개발로 몹시 아파하는 중이야. 많은 사람들이 환경 보

호에 관심을 기울이기는 하지만, 앞으로도 인류가 살아남기 위해서는 어쩔 수 없이 지구에 상처를 입히는 일도 있을 거야. 이미 자원들이 고갈다하여 없어짐되어 가고, 사람들이 살 곳도 점점 줄어들고 있어. 그래서 사람들은 다시 우주 개발에 관심을 보이고 있지. 마치 중세 유럽 사람들이 신대륙을 찾아 헤매다 대항해 시대를 열었던 것처럼, 우리 인류가 살 만한 새로운 행성을 찾기 위해 계속 노력한다면 대우주 시대가 열릴지도 몰라!

그래, 바로 이거야! 난 우주 비행사가 되겠어! 난 우주를 탐사하고 개척하고 싶어. 아직까지 신비에 싸인 우주의 비밀을 내 손으로 풀 수 있다면 얼마나 좋을까? 생각만 해도 마음이 떨리고 신 나는 일이지 않니?

애들아, 나는 앞으로 별과 우주에 더 많은 관심을 가지고 공부도 열심히 할 거야. 너희가 많이 도와주면 좋겠어. 우리 함께 신 나고 즐겁게 우주 탐사를 해 보지 않을래?

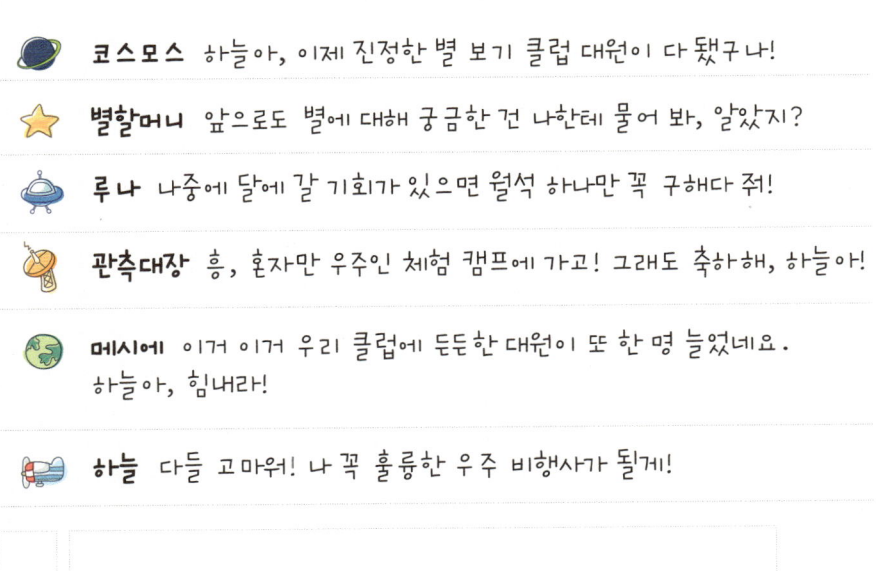

댓글 6개 | 등록순 | 조회수 56

- 코스모스 하늘아, 이제 진정한 별 보기 클럽 대원이 다 됐구나!
- 별할머니 앞으로도 별에 대해 궁금한 건 나한테 물어 봐, 알았지?
- 루나 나중에 달에 갈 기회가 있으면 월석 하나만 꼭 구해다 줘!
- 관측대장 흥, 혼자만 우주인 체험 캠프에 가고! 그래도 축하해, 하늘아!
- 메시에 이거 이거 우리 클럽에 든든한 대원이 또 한 명 늘었네요. 하늘아, 힘내라!
- 하늘 다들 고마워! 나 꼭 훌륭한 우주 비행사가 될게!

[댓글입력]

구상 성단 나이 든 별들이 서로의 중력에 이끌려 촘촘하게 모여 있는 집단을 말한다. 주로 은하 중심에서 발견되며, 은하의 나이를 측정할 수 있는 중요한 자료이다.

도플러 효과 거리에 따라서 물체의 진동수가 달라지는 효과. 빅뱅 우주론의 근거가 된다.

백색 왜성 적색 거성 상태의 별은 모든 에너지를 다 쓰면 몸 안의 가스가 빠져나간다. 그러다 결국 흰색의 작은 몸체만 남은 상태. 크기는 작지만 중력은 엄청나게 크다.

블랙홀 태양보다 어마어마하게 큰 별은 스스로의 중력 때문에 안으로 계속해서 수축한다. 그 결과로 만들어지는 '검은 구멍'을 블랙홀이라고 한다. 거대한 중력으로 주변의 모든 물질들을 빨아들이는 우주의 진공청소기이다.

빅뱅 이론 '우주가 시간이 흐를수록 팽창한다고 했을 때, 시간을 거꾸로 돌린다면 우주는 점점 수축하다가 결국 하나의 점이 되지 않을까?'라는 생각에서 나온 이론. 우주의 에너지를 담은 한 점이 폭발하며 지금의 우주를 탄생시켰다는 이론이다.

산개 성단 젊은 별들이 일정한 구역을 기준으로 퍼져 있는 집단을 말한다. 주로 은하 바깥 부분에서 발견된다.

성운 우주의 가스와 먼지 등이 모여서 만들어진 구름. 별이 탄생하는 장소이다.

소행성 암석 성분의 먼지들이 모여 행성이 되지 못하고 성장이 멈춰 버린 작은 천체를 말한다. 일반적으로 비슷한 크기의 소행성들이 모여 소행성대를 형성한다.

알파별 별자리 중에서 가장 빛나는 별. 별자리를 만들 때 기준이 된다.

연주 운동 지구의 공전 운동 때문에 별들이 하루에 약 1° 정도씩 서쪽으로 이동하는 것처럼 보이는 현상

원시별 수소 원자들과 먼지들은 서로 끌어당기며 회오리를 만들어 낸다. 회오리는 주변 입자들을 계속해서 빨아들이고 결국 붉은 수소 공으로 변한다. 이 상태를 원시별 또는 아기별이라고 한다.

월식 달이 지구의 그림자에 가려지는 현상. 개기월식은 달이 지구의 그림자에 완전히 가려지는 현상을 말한다.

위성 지구 주위를 도는 달처럼 행성의 중력에 이끌려 그 주변을 맴도는 천체

유성 우주를 떠돌던 먼지들이나 소행성에서 떨어져 나온 조각들이 지구의 대기권과 닿았을 때 불타오르며 빛을 내는 것. 별똥별이라고도 부른다.

은하 거대한 성운이 모여 만들어 낸 수백, 수천 억 개의 별의 집단을 말한다. 태양계 역시 우리은하의 한 부분이고, 현재 1400억 개 정도의 은하가 존재한다는 사실이 밝혀졌다.

일식 달이 태양을 가리는 현상. 개기일식은 태양이 달에 완전히 가려 보이지 않는 현상을 말한다.

일주 운동 지구의 자전 운동 때문에 별들이 1시간에 약 15° 정도씩 동쪽에서 서쪽으로 움직이는 것처럼 보이는 현상

적색 거성 내부의 에너지를 거의 다 써 버리면 별의 바깥쪽에서 핵반응이 일어나 겉부분이 팽창한다. 이때 표면 온도는 낮아지고 크기는 커지면서 붉은색을 띄게 되는데 이때를 적색 거성이라고 한다.

정상 우주론 빅뱅 이론에 반대하여 나온 이론. 우주는 무한하며 언제나 지금의 모습 그대로를 유지하고 있다고 한다. 하지만 우주의 시작에 대해 설명하지 못한다는 약점을 지녔다.

중성자별 초신성 폭발 이후 별의 핵만 남은 상태. 백색 왜성보다 훨씬 더 큰 중력을 가지고 있으며 크기에 따라 블랙홀이 되기도 한다.

지동설 태양이 우주의 중심이고, 지구는 태양을 맴도는 행성의 하나라는 이론

천동설 지구가 우주의 중심이고, 태양을 비롯한 모든 별이 지구의 주변을 맴돈다는 이론

천체망원경 우주를 관찰하기 위해 만든 망원경. 초기에는 굴절망원경이 대부분이었지만 현재는 거울로 빛을 모아 관찰하는 반사망원경, 위성에 달아서 우주에서 직접 관찰하는 우주망원경, 별이 보내는 전파를 측정하여 우주를 관찰하는 전파망원경 등 여러 종류가 있다.

초신성 폭발 태양보다 큰 별이 적색 초거성으로 변하면 원자들의 힘도 커진다. 그러면 결국 안정을 잃고 갑자기 폭발하여 눈부신 별 구름이 되는데 그 과정을 일컫는다.

태양계 태양을 중심으로 수성, 금성, 지구, 화성, 목성, 토성, 천왕성, 해왕성 등으로 이루어졌다. 우리은하의 일부분이다.

팽창 우주론 우주가 시간이 흐를수록 계속 팽창한다는 이론. 빅뱅 이론의 출발점이다.

프라운호퍼 선 19세기 독일 최고의 유리 기술자이자 물리학자인 요제프 프라운호퍼가 발견한 선. 햇빛을 프리즘에 비춰 보았을 때 검은 선의 형태로 나타나며, 별의 구성 성분을 알 수 있는 중요한 자료이다.

항성 태양처럼 스스로 빛을 내고, 그 자리에서 움직이지 않는 별을 일컫는다. 밤하늘에 떠 있는 대부분의 별이 바로 항성이다.

행성 지구처럼 항성의 주위를 맴도는 천체. 스스로 빛을 내지 못하는 것이 특징이다.

혜성 태양의 중력에 이끌려 일정한 주기를 두고 태양계로 돌아오는 얼음덩어리. 뒤에 길게 뻗은 얼음 꼬리가 특징이다.

황도 1년간 태양이 지나가는 길. 지구의 움직임에 따라 12개 별자리가 각각 태양 옆에 위치하게 되는 것을 황도 12궁이라고 한다.

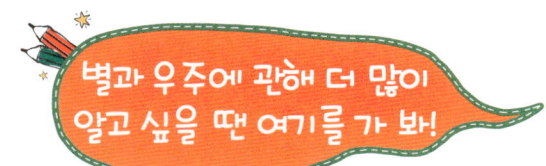
별과 우주에 관해 더 많이 알고 싶을 땐 여기를 가 봐!

KASI 천문우주지식정보 astro.kasi.re.kr
한국천문연구원이 제공하는 천문우주지식 사이트. 역사 속에 존재했던 천문 현상부터 생활 속 천문학 이야기, 천문학의 이론 등에 대해 자세히 설명해 줘요.

어린이 천문대 astrocamp.net
서울을 비롯해 전국 24곳에 지점을 두고 있는 어린이 천문대에서는 '아빠와 함께하는 천체 여행' 등 다양한 프로그램으로 가족 단위의 프로그램을 운영하고 있어요.

한국항공우주연구원 www.kari.re.kr
항공 우주 과학 기술에 대한 기술 소개 및 연구를 하고 있는 곳이에요. 학습 교재 파일을 다운로드받거나 가족을 대상으로 한 온·오프라인 견학 등도 가능해요.

대한민국 인터넷 천문대 realsky.org
실제 천문대에서 우주를 관측하는 듯한 느낌을 받을 수 있는 곳. 여러 가지 유명한 성운과 성단, 외부 은하를 검색해서 볼 수도 있고, 직접 마우스를 움직여 우주 지도를 볼 수도 있어요.

국립중앙과학관 www.science.go.kr
대전에 위치한 국립중앙과학관 홈페이지. 과학과 우주에 관련한 상설 전시와 특별 전시에 관한 정보를 얻을 수 있어요.

대전시민천문대 djstar.kr
한국 최초로 시민을 위해 만들어진 사이트. 천문대에 대한 소개와 함께 우주에 대한 여러 가지 정보를 찾아볼 수 있어요.

신나는 토론을 위한 맞춤 가이드

별과 우주에 대한 이야기를 재미있게 읽었나요? 이제 별 박사가 다 되었다고요? 그 전에 마지막 단계인 토론을 잊지 마세요. 토론을 잘하려면 올바른 지식과 다양한 정보가 바탕이 되어야 해요. 책을 다 읽고 친구 또는 엄마와 함께 신나게 토론해 봐요!

잠깐! 토론과 토의는 뭐가 다르지?

토론과 토의는 모두 어떤 문제를 해결하기 위해 의견을 나누는 일입니다. 하지만 주제와 형식이 조금씩 달라요. 토의는 여러 사람의 다양한 의견을 한데 모아 협동하는 일이, 토론은 논리적인 근거로 상대방을 설득하는 일이 중요합니다. 토의는 누군가를 설득하거나 이겨야 하는 것이 아니기 때문에 서로 협력해서 생각의 폭을 넓히고 좋은 결정을 내릴 때 필요해요. 반면 토론은 한 문제를 놓고 찬성과 반대로 나뉘어 서로 대립하는 과정을 거치지요.
넓은 의미에서 토론은 토의까지 포함하는 경우가 많습니다. 토론과 토의 모두 논리적으로 생각 체계를 세우고, 사고력과 창의성을 높이는 데 도움을 준답니다.

토론의 올바른 자세

말하는 사람
❶ 자신의 말이 잘 전달되도록 또박또박 말해요.
❷ 바닥이나 책상을 보지 말고 앞을 보고 말해요.
❸ 상대방이 자신의 주장과 달라도 존중해 주어요.
❹ 주어진 시간에만 말을 해요.
❺ 할 말을 미리 간단히 적어 두면 좋아요.

듣는 사람
❶ 상대방에게 집중하면서 어떤 말을 하는지 열심히 들어요.
❷ 비스듬히 앉지 말고 단정한 자세를 해요.
❸ 상대방이 말하는 중간에 끼어들지 않아요.
❹ 다른 사람과 떠들거나 딴짓을 하지 않아요.
❺ 상대방의 말을 적으며 자기 생각과 비교해 봐요.

왜 하늘에 별이 보이지 않을까?

밤이 되면 도시는 다양한 불빛으로 넘쳐 납니다. 도시의 야경이 아름다울 때도 있지만 때로는 별을 보는 데 방해가 되기도 하지요. 다음에 나오는 빛 공해에 관한 기사를 읽어 보고 별을 잘 보기 위해 어떤 노력을 기울여야 할지 친구들과 이야기해 봅시다.

빛 공해는 가로등, 네온등처럼 과도한 빛 사용이 생태계와 인간 생활에 해로운 영향을 미치는 현상을 가리킨다. 그동안 빛 공해로 도심에서 별을 보기 어려워지고 나무나 철새 등이 생장과 이동, 번식 등에 악영향을 받는다는 연구 결과가 많이 나왔다.

과도한 조명 사용을 막기 위해 환경부 장관은 5년마다 빛 공해 방지 계획을 세우고, 빛 공해 방지 위원회를 설치하기로 했다. 특히 6종류의 조명환경관리구역을 정해 각각 빛의 양을 제한하기로 했다. 예를 들어 제1종 구역은 자연환경이 중대하게 부정적인 영향을 받을 수 있는 구역을 뜻한다. 반면 제6종 구역은 국내외 행사 등 일시적으로 강한 조명을 사용할 수 있는 곳을 말한다.

2009/09/11 더사이언스

1. 왜 조명 사용이 별을 보는 데 방해가 되나요?

2. 별을 관측하는 데 방해가 되는 것들에는 무엇이 더 있을까요?

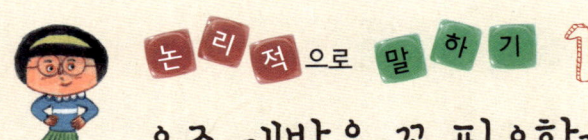

우주 개발은 꼭 필요할까?

2012년 5월 18일 발사에 성공한 한국의 다목적 실용 위성 '아리랑 3호'는 개발하는 데 2242억 원, 발사 비용만 약 230억 원이 들었습니다. 다음 기사를 읽고 우주 개발 비용과 그 필요성을 생각해 봅시다. 그리고 찬성과 반대로 나누어 토론해 봅시다.

*다목적 실용 위성: 실생활이나 산업에 사용되는 위성

한국 위성 개발비는 왜 상대적으로 높은 걸까. 무엇보다 품질을 높이기 위해 투자를 많이 한 결과다. 고품질의 위성 사진을 얻기 위해서는 매번 해상도를 더 높인 모델을 개발할 수밖에 없다는 것. 값싼 외국 제품을 들여오기보다 하나에서 열까지 위성의 모든 부품을 국내에서 개발하려다 보니 비용이 많이 들 수밖에 없다.

전체 개발비 내에서 인건비 비중도 높은 편이다. 과학기술부가 국회에 제출한 자료에 따르면 2006년 한국항공우주연구원(이하 항우연)의 연구원의 평균 연봉은 6800만 원 정도. 그러나 위성 개발에는 1인당 평균 1억 원가량이 지출되는 것으로 알려져 있다. 위성 개발에 보통 100~150명이 참여하고 개발 기간도 5~7년이 걸리는 점을 고려하면 인건비 비중은 높을 수밖에 없다.

백홍열 항우연 원장은 "정부의 의지만 있으면 현재 기술로도 달 탐사 기간을 단축할 수 있다"고 말했다. 또 "현재 진행 중인 위성 개발 사업이 끝날 때쯤이면 지금보다 위성을 값싸게 만들 수 있을 것"이라며 "달 탐사는 반드시 해야 할 과제지만 지나치게 큰 비용을 들이는 데는 반대한다"고 했다.

2008/01/25 동아일보

1. 우주 개발이란 무엇인가요?

2. 우주 개발에 왜 그렇게 많은 돈이 들까요?

3. 많은 돈을 들이면서까지 우주 개발을 해야 할까요? 찬성과 반대로 나누어 토론해 봅시다.

찬성: 아무리 많은 돈이 들더라도 우주 개발은 꼭 필요하다.
이유:

VS

반대: 우주 개발에 일정 금액 이상 많은 돈을 들이는 것은 좋지 않다.
이유:

논리적으로 말하기 2

국기에도 별이 숨어 있어!

별은 많은 뜻을 가지고 있어요. 하늘에 떠 있는 별도 있고, 인기 연예인이나 운동선수를 '스타(star, 별)'라고 부르기도 하지요. 뿐만 아니라 여러 나라의 국기에서도 별 모양(☆)을 볼 수 있답니다. 어느 나라 국기에 별이 사용되었는지, 그 의미는 무엇인지 알아볼까요?

국　　가: 미국
별 개수: 50개
의　　미: 미국에 있는 50개의 주를 뜻한다.

국　　가: 중국
별 개수:
의　　미:

국　　가: 싱가포르
별 개수:
의　　미:

국　　가:
별 개수:
의　　미:

외계인에게 어떤 선물을 보낼까?

1977년 나사(NASA)는 무인 우주선 안에 금으로 코팅된 동판 레코드를 넣었어요. 우주 어딘가에 있을 외계인을 위한 선물이었지요. 레코드에는 세계 각 나라의 인사말이 녹음되었고, 다양한 종류의 음악과 새소리, 폭풍, 화산 소리 등 자연의 소리도 들어 있었지요. 만약 여러분이 외계인 친구에게 선물을 보낸다면 어떤 걸 주고 싶나요?

보내고 싶은 선물 1호 :
가족사진

그렇게 생각한 이유 :
지구에 사는 인간이 어떻게 생겼는지 알려 주고 싶어서. 내 사진만 보내기 쑥스러우니까 우리 아빠, 엄마, 동생도 함께 소개할 거야. 사진 위에다가는 멋진 사인까지 해서 보내 줘야지!

보내고 싶은 선물 2호 :

그 이유는?

보내고 싶은 선물 3호 :

그 이유는?

보내고 싶은 선물 4호 :

그 이유는?

나만의 별자리를 만들어 보자!

밤하늘에 아름다운 별들이 수놓아져 있어요. 별과 별 사이를 마음껏 이어 자신만의 별자리를 만들어 보세요. 내 별자리에 이름도 붙이고 친구들에게 소개도 해 보세요.

내가 만든 별자리 ❶

별자리 이름

별자리 설명

내가 만든 별자리 ❷

별자리 이름

별자리 설명

내가 만든 별자리 ❸

별자리 이름

별자리 설명

예시 답안

왜 하늘에 별이 보이지 않을까?

1. 별은 환한 낮보다 어두운 밤에 잘 보인다. 그런데 지나치게 밝은 조명은 밤에도 도시를 낮처럼 환하게 비추기 때문에 별이 잘 보이지 않는다.
2. 황사나 공기 오염 때문에 공기가 탁해지면 별이 잘 보이지 않는다.

우주 개발은 꼭 필요할까?

1. 우주 개발이란 과학 연구와 실용적인 목적을 가지고 우주로 인공위성이나 우주선 등을 쏘아 올리거나 인간이 직접 우주에 나가는 활동을 말한다.
2. 인공위성이나 우주선 등에 필요한 부품을 개발하는 기간이 길고 비용도 매우 비싸기 때문이다.
3. 찬성 : 우주 개발로 통신이나 방송, 날씨 예보, 자동차 내비게이션 등 사람들의 삶이 더 풍요로워지고 국가의 위상도 높아진다.
   반대 : 우주 개발에 너무 많은 돈을 들이면 그만큼 다른 분야를 발전시킬 비용이 줄어든다. 또한 우주로 발사된 로켓과 인공위성 등으로 우주 쓰레기가 발생할 수도 있다.

국기에도 별이 숨어 있어!

국가 : 중국
별 개수 : 5개
의미 : 큰 별 1개는 중국 공산당을 가리키고 작은 별 4개는 국민을 나타낸다.

국가 : 싱가포르
별 개수 : 5개
의미 : 민주, 평화, 진보, 정의, 평등의 5원칙을 나타낸다.

AI 시대 미래
토론

과학토론왕
정가 520,000원

✓ 뭉치북스가 만든 국내 최초 토론
✓ 한국디베이트협회와 교육

공부다!

인재를 위한 과서

사회토론왕
정가 520,000원

✓ **초등 국어 교과서 선정 도서!**

문가들이 강력 추천한 책!

- 한우리 추천도서
- 경향신문 추천도서
- 경기도 초등토론 교육연구회 추천
- 경기도 지부 독서 골든벨 선정도서
- 환경정의 어린이 환경책 권장도서
- 학교도서관 사서협의회 추천도서
- 한국 아동문학인협회 우수도서

뭉치수학왕

"인공지능(AI) 시대의 힘은 수학에서 나온다!"

개념 수학

〈수와 연산〉
1. 양치기 소년은 연산을 못한대
2. 견우와 직녀가 분수 때문에 싸웠대
3. 가우스, 동화 나라의 사라진 0을 찾아라
4. 가우스는 소수 대결로 마녀들을 물리쳤어
5. 앨런, 분수와 소수로 악당 히들러를 쫓아내라
6. 약수와 배수로 유령 선장을 이긴 15소년

〈도형〉
7. 헨젤과 그레텔은 도형이 너무 어려워
8. 오일러와 피노키오는 도형 춤 대회 1등을 했어
9. 오일러, 오즈의 입체도형 마법사를 찾아라
10. 유클리드, 플라톤의 진리를 찾아 도형 왕국을 구하라
11. 입체도형으로 수학왕이 된 앨리스

〈측정〉
12. 쉿! 신데렐라는 시계를 못 본대
13. 알쏭달쏭 알라딘은 단위가 헷갈려
14. 아르키는 어림하기로 걸리버 아저씨를 구했어
15. 원주율로 떠나는 오디세우스의 수학 모험

〈규칙성〉
16. 떡장수 할머니와 호랑이는 구구단을 돌아
17. 페르마, 수리수리 규칙을 찾아라
18. 피보나치, 수를 배열해 비밀의 방을 탈출하라
19. 비례배분으로 보물섬을 발견한 해적 실버

〈자료와 가능성〉
20. 아기 염소는 경우의 수로 늑대를 이겼어
21. 파스칼은 통계 정리로 나쁜 왕을 혼내 줬어
22. 로미오와 줄리엣이 첫눈에 반할 확률은?

〈문장제〉
23. 개념 수학–백점 맞는 수학 문장제①
24. 개념 수학–백점 맞는 수학 문장제②
25. 개념 수학–백점 맞는 수학 문장제③

〈융합 수학〉
26. 쌍둥이 건물 속 대칭축을 찾아라(건축)
27. 열차와 배에서 배수와 약수를 찾아라(교통)
28. 스포츠 속 황금 각도를 찾아라(스포츠)
29. 옷과 음식에도 단위의 비밀이 있다고?(음식과 패션)
30. 꽃잎의 개수에 담긴 수열의 비밀(자연)

창의 사고 수학
31. 퍼즐탐정 쎌렁홈즈①–외계인 스콜피오스의 음모
32. 퍼즐탐정 쎌렁홈즈②–315일간의 우주여행
33. 퍼즐탐정 쎌렁홈즈③–뒤죽박죽 백설 공주 구출 작전
34. 퍼즐탐정 쎌렁홈즈④–'지지리 마란드러' 방학 숙제 대작전
35. 퍼즐탐정 쎌렁홈즈⑤–수학자 '더하길 모테'와 한판 승부
36. 퍼즐탐정 쎌렁홈즈⑥–설국열차 기관사 '어러도 달리슝기라'
37. 퍼즐탐정 쎌렁홈즈⑦–해설 및 정답

수학 개념 사전
38. 수학 개념 사전①–수와 연산
39. 수학 개념 사전②–도형
40. 수학 개념 사전③–측정·규칙성·자료와 가능성

정가 520,000원